KB040219

마지막까지 강단을 지키셨던 김일영 교수님께

헌법논쟁

민주주의 대 입헌주의

하세베 야스오 · 스기타 아쓰시 지음

김일영 · 아사바 유키 옮김

これが憲法だ!
By 長谷部恭男, 杉田敦

헌법논쟁

민주주의 대 입헌주의

지은이   하세베 야스오, 스기타 아쓰시
옮긴이   김일영, 아사바 유키

초판 1쇄 인쇄 2010년 2월 8일
초판 1쇄 발행 2010년 2월 18일

펴낸곳 논형
펴낸이 소재두
편 집 김현경, 김가영
표 지 김예나
홍 보 박은정

등록번호 제2003-000019호
등록일자 2003년 3월 5일
주 소 서울시 관악구 성현동 7-78 한림토이프라자 6층
전 화 02-887-3561
팩 스 02-887-6690

ISBN 978-89-6357-102-7 04330
값   13,000원

이 도서의 국립중앙도서관 출판시도서목록(CIP)은 e-CIP 홈페이지(http://www.nl.go.kr/ecip)
에서 이용하실 수 있습니다. (CIP제어번호: CIP2010000273)

한국의 독자들께

이 책은 입헌주의(constitutionalism)란 무엇인가를 중심적인 주제로 스기타 아쓰시 교수와 실시한 대담을 정리한 것입니다.

입헌주의는 16~17세기 유럽에서 태어난 사고방식입니다. 종교개혁 이후 종파 간의 격렬한 대립을 거치고 대항해로 전혀 이질적인 문화와 만나게 되면서 유럽인들은 이 세상에는 서로 비교할 수 없을 정도로 다양한 가치관이나 세계관이 존재한다는 점을 인정하게 되었습니다. 단일한 교회에서 무엇이 올바른 삶인지가 하나로 정해져 있던 세계로부터 근본적 전환이 이루어진 것입니다.

사람들이 아무리 다양한 가치관이나 세계관을 지니고 있어도 그들이 사람답게 살아가기 위해서는 서로 협력해서 사회생활의 편의와 비용을 공평하게 분담하는 틀을 구축해 나갈 필요가 있습니다. 그러기 위한 기본적 방법이 사람들의 생활공간을 사적 공간과 공적 공간으로 (인위적으로) 구분하는 것입니다.

사적 생활공간에서는 각자 중시하는 가치관이나 세계관에 따라서 스스로 자율적으로 판단해 살아가는 자유가 보장되어야 합니다. 반면, 공적 공간에서는 가치관이나 세계관의 차이에도 불구하고 사회 전체에 공통된 이익이 무엇이며, 그것을 어떻게 실현할 수 있는지에 대해 냉철하게 토의해 결정할 것이 요구됩니다. 이러한 틀은 유럽뿐 아니라 다양한 가치관이나 세계관을 지닌 사람들로 구성된 사회라면 어디에서나 필요하게 됩니다.

이러한 입헌주의라는 사고방식은 사람의 본성에서 비롯된 것이라고 말하기 어려운 부분이 있습니다. 자신이 올바르다고 생각하는 삶이라면, 다른 사람들에게도 올바를 것이라고 생각하는 것이 오히려 자연스러울 것입니다. 그러나 이러한 자연스러운 경향에 따라서 사람들이 각자 중시하는 '올바른 삶'을 다른 사람들에게 강요하려고 한다면, 특히 공권력의 행사를 통해서 그렇게 하려고 한다면, 모든 사람들이 공정하다고 생각하는 정치는 이루어지지 못할 것입니다. 경우에 따라서는 피비린내 나는 내전조차 야기될 수도 있습니다.

정치사상을 전공하시는 스기타 교수와의 대담은 유럽의 사상적 조건에서 생겨난 입헌주의의 의의를 생각하는데 저에게 많은 공부가 되었습니다. 특히, 스기타 교수가 제기한 수많은 날카로운 질문들은 제 생각을 보다 명확하게 다듬는 데 도움이 되었다고 느끼고 있습니다.

이 책의 내용이 한국의 독자들께서 자기 사회나 정치를 생각하시는 데 참고할 만한 부분이 있으면 좋겠습니다.

2009년 1월

하세베 야스오

이 책은 대체 헌법이란 무엇이며, 헌법을 가지고 있다(입헌주의)는 것이 무엇을 의미하는가를 논한 것이며, 동시에 2차 세계대전 이후의 일본, 특히 최근 몇 년간 일본에서 헌법을 둘러싼 상황에 대한 하나의 응답이란 측면도 지니고 있습니다. 한국 독자들께 이러한 사정에 대해 좀 더 자세하게 설명드릴 필요가 있을 것 같습니다.

  현행 일본국헌법은 전후 일본이 연합국 점령하에 있었던 시기에 만들어진 것입니다. 그것을 기초하는 과정에는 연합국 관계자들이 상당한 정도로 관여했습니다. 그러기에 점령이 끝난 후 보수 정치세력을 중심으로 이 헌법이 부당하게 강요된 것이므로 새로 만들어야 한다는 움직임이 나타났습니다. 하지만 현행 헌법을 아끼는 사람들은 이에 대항했고, 그 결과 이른바 개헌파와 호헌파 간에 논쟁이 펼쳐져 왔습니다.

  그 가운데 가장 첨예한 쟁점이 된 것은 헌법 제9조, 즉 일본이 전쟁을 포기하고 군비를 갖지 않기로 규정한 조문이었습니다. 이 조문을 개헌파는 독립한 주권국가에 대한 모욕으로 간주한 반면, 호헌파는 지난 전쟁에 대한 반성에서 비롯된 당연한 규정으로 보아 서로 대립하게 됩니다. 문제를 더 복잡하게 만든 것은 전후 얼마 지나지 않아 일본이 자위대란 이름으로 군사적 조직을 갖추었고, 더 나아가 미국과의 안전보장조약으로 국내에 미군기지를 두고 있었다는 사실입니다.

지난 전쟁은 아시아인들에게 수많은 피해를 안겨 주었으며, 동시에 일본 군인들도 많이 숨지고 국내 비전투원들의 피해도 막대했습니다. 그러므로 전후 일본의 여론은 일관되게 반전(反戰)이었으며, 그런 맥락에서 헌법 제9조를 지지해 왔습니다. 그러면서도 동시에 안전보장을 현실적으로 생각해 자위대의 존재나 미군의 주둔을 용인하는 사람들이 대다수였습니다. 절대평화주의라고도 할 수 있는 제9조와 자위대 및 미군을 둘 다 지지한다는 입장이었던 것입니다. 여기에 일종의 모순이 있다는 공격이 개헌파로부터 가해졌습니다.

근래 들어 고이즈미 내각이나 아베 내각 시기에 대외강경론이 대두해 개헌으로 흐르는 조류가 강해졌습니다. 그런 가운데 앞서 언급한 모순을 그대로 놔두고 종전과 같은 도식적 호헌론, 즉 자위대조차 위헌으로 보는 논의를 유지하는 것이 과연 가능한가에 대해 저는 위기의식을 느끼게 되었습니다. 그때 접하게 된 것이 하세베 교수의 헌법학이었습니다. 하세베 교수의 헌법학에는 원래 사람들이 헌법을 갖는 것은 서로 함께 공존하고 안전을 보장하기 위한 것인 바, 헌법 조문도 모름지기 이 목적에 비추어 해석되어야 하며, 그 점에서 볼 때 헌법 제9조와 현재 상황 사이에는 모순이 없다고 여겨진다고 명확히 제시되고 있었습니다.

뿐만 아니라, 새로운 사태에 대응하기 위해서는 끊임없이 개헌할 필요가 있다는 개헌파의 주장에 대해서도, 헌법의 역할을 한정시켜 회사 등 법인을 설립할 때 정관과 같은 것으로 생각한다면, 문제가 생길 때마다 헌법을 바꿀 필요까지는 없고 법률로 대응하면 된다고 나와 있었습니다.

저는 이러한 하세베 교수의 헌법학을 널리 알리는 것이야말로 바람직하지 않은 방향으로 개헌이 이루어지는 것을 막는 데 큰 도움이 된다고 생각해 하세베 교수와의 대담에 임하기로 했습니다.

다만 헌법학자인 하세베 교수와 정치학자인 저 사이에는 약간의 입장 차이도 있습니다. 헌법학자는 일반적으로 정치에 대해 회의적이며, 특히 인권보장 등에서는 사법에 의한 해결에 기대하는 경향이 있습니다. 일반 사람들이 올바른 정치적 판단을 할 수 있는지를 의심하며, 그렇기 때문에 정치적으로 쉽게 바꿀 수 없는 헌법을 중시하는 것입니다. 그러나 정치학자로서 저는 정치의 역할에 대해 좀 더 많은 기대를 가지고 있습니다. 그리고 법도 최종적으로는 민주적 정치과정을 통해 만들어지는 이상, 일반 사람들의 판단 능력을 향상시키지 않고서는 올바른 법적 해결도 이룰 수 없다고 생각합니다. 이런 점들을 둘러싼 하세베 교수와 저 사이의 논쟁도 이 책에 포함되어 있습니다.

한국의 독자들께서는 지금까지 설명드린 사정도 감안하여 이 책을 읽어 주시고, 한국에서 헌법과 정치의 관계를 생각하시는 데 참고해 주시면 감사하겠습니다.

2009년 1월

스기타 아쓰시

목차

1장
헌법은 민주주의를 믿지 않는다

1. 입헌주의란 무엇인가?

왜 새로운 입헌주의인가?

스기타   하세베 선생은 헌법을 논할 때 '입헌주의'를 강조하고 계시죠. 그것도 지금까지의 헌법학과 상당히 다른 의미로 사용하고 있습니다. 종래 헌법학에서는 '헌법을 만듦으로써 정치권력을 제한하는 것이 입헌주의'이고, 정치인이 헌법 개정을 논의하는 것에 대해 '제한받는 입장에 있는 측이 기존의 헌법을 존중하지 않는 것은 바람직하지 않다'고 말해왔습니다. 이러한 주장은 조문을 호헌하는 하나의 근거가 되기도 했다고 생각합니다. 하세베 선생이 생각하는 입헌주의는 이런 주장과 좀 다르죠?

하세베   그렇습니다. '정치권력은 그냥 두면 당장이라도 악한 짓을 한다. 이래라 저래라 인민에게 명령하고 못살게 굴려고 한다. 따라서 헌법전에 나와 있는 대로 정치권력은 제한되어야만 한다'는 것이 지금도 주로 통용되는 설명이라고 생각합니다.

그런데 왜 헌법으로 정치권력을 제한해야 하는가, 무엇 때문에 제한하는가라는 목적을 이해하고 논의하지 않으면, 그 제한의 내용이 목적에 반하는 결과를 야기할 수도 있습니다. 바로 이런 이유 때문에 저는 헌법 제9조 평화주의를 해석함에 있어 종래의 통설과는 달리 '자위를 목적으로 하는 어떤 실력도 지니지 않는 절대평화주의는 입헌주의에 반한다'는 생각을 지니게 된 것입니다.

스 　좀 더 자세히 설명해 주시겠습니까?

하 　저는 입헌주의의 핵심은 '공과 사를 구분하는 것'이라고 생각합니다. 이 세상에는 이슬람교, 기독교, 유교, 금욕주의, 쾌락주의 등 다양한 가치관들이 있지요. 그것들을 공존하게 하는 것이 입헌주의의 원래 목적이 아닌가 싶습니다. 그러기 위해서는 공사의 구분, 예를 들면 공론 형성의 장과 사적인 교류의 장을 구분하는 것이 반드시 필요합니다. 제가 볼 때에 절대평화주의는 좀 특수한 가치관이며, 사적 동아리(circle)를 통해서 알리려고 하는 것은 무방하지만, 예를 들어 국가가 국민 전체에게 강제할 수 있는 생각은 아니라고 봅니다.

스 　헌법 제9조와 평화주의에 관해서는 이데올로기, 즉 이것이야말로 가치관의 대립과 맞물려서 논의가 제대로 이루어지지 못했습니다. 하세베 선생이 제시한 입헌주의에는 이러한 상태를 타개하고 싶다는 의도도 엿보이는데요. 제9조를 둘러싼 문제는 2장에서 자세히 검토하기로 하고 여기서는 하세베 선생이 이러한 주장을 하게 된 배경에 대하여 좀 더 여쭈어 보겠습니다. 하세베 선생의 이와 같은 입헌주의관은 헌법학의 흐름 속에서는 새로운 동향입니까?

하 저와 같이 입헌주의를 '가치관이나 세계관의 다원성을 전제로 하는 가운데 그들 간의 공평한 공존을 도모하기 위한 수단'이라고 명확히 주장하는 것은 비교적 새롭다고 봅니다. 지금까지의 헌법 교과서는 2005년 말에 나온 제 선배 학자인 다카하시 가즈유키(高橋和之) 선생의 개설서도 그렇지만, 요컨대 '입헌주의란 헌법에 의거하여 국가의 통치활동이 이루어지는 것'이라고 설명하고 있습니다.

이러한 종래 의미의 입헌주의는 유럽에서는 중세 때부터 존재했다고 합니다. 이 당시 군주의 권한은 교회법이나 자연법, 관습법 등의 형태로 제한되었습니다. 그 후 전쟁이나 근대 혁명을 경험하면서 인민주권, 권력분립, 권리보장 같은 생각과 연결되어서 근대입헌주의가 되었습니다. 현재는 더 나아가 정부의 적극적 시책을 요구하는 사회권까지 포함한 입헌주의가 되었습니다. 각각 시대의 요청에 따라서 새로운 요소들이 부가되면서 순조롭게 단선적으로 발전되어 왔다……는 그런 이미지입니다. 그런 의미에서 종래 헌법학의 사고방식에는 역사법칙주의 같은 것이 깔려 있던 것 같습니다.

그런데 저는 역시 근대 이전과 이후의 입헌주의는 근본적으로 다르다고 생각합니다. 근대의 시작에 대하여 여러 가지 설들이 있습니다만, 역시 가치관과 세계관의 다원성을 처음으로 인정했던 때가 그것이라 생각합니다. 물론 그 계기로는 종교개혁이나 종교전쟁, 대항해로 인한 다른 문화와의 만남이 있었겠지만, 세상에는 다양한 가치관과 세계관이 존재한다는 것을 공공연히 인정하지 않는 한 그것들의 공존을 지향하는 발상 자체가 생기지 않았으리라 생각합니다. 중세 유럽에서 인간의 올바른 삶이란 단지 하나뿐이었는데, 그것은 교회의 가르침이었습니다. 그렇기 때문에 '그것도 입헌주의'라고 말하면, 결국 국가의 정치활동을 제한하는 헌법의 내용은 무엇이든 무방하다는 주장이 되어 버릴지도 모르겠습니다. 따라서 저는 근대 이후의 것만을 입헌주의로 불러야 한다고 봅니다.

공과 사를 구분한다

스 　가치관의 다원성은 하세베 선생이 말하는 입헌주의의 키워드이죠. 또 다른 키워드는 '공사(公私)이원론'입니다. 그러나 공과 사의 관계는 정치학의 입장에서 말하면, 실은 상당히 어려운 문제입니다. 인간이 사는 공간을 공과 사로 나눈다는 생각은 중세보다 더 거슬러 올라가서 고대 그리스에서도 볼 수 있습니다. 즉, '오이코스(Oikos, 집 또는 가계)'라는 사적 공간과 '폴리스(Polis, 도시국가)'라는 공적 공간이 엄밀하게 구분되어야 한다는 생각입니다. 폴리스라는 공적인 장(場)에서는 개인의 생활은 물론이고 경제 문제 같이 당시로서는 사적인 것으로 간주되던 것을 논하면 안 되는 것으로 되어 있었습니다.

그런데 예를 들어 독일 출신의 정치사상가인 한나 아렌트(Hanna Arendt, 1906~1975)에 따르면 로마시대가 되면 공과 사의 양쪽 영역에 걸친 '사회'라는 관념이 성립하게 됩니다. 그리고 그후 근대에도 고대 그리스만큼 엄밀히 공과 사를 구분하지 않게 되었다고 아렌트는 보고 있습니다.

한편 근대야말로 공사이원론이 철저히 이루어진 시대라고 보는 입장도 있습니다. 법률학은 공법과 사법을 엄밀하게 구분하려고 한다는 점에서 기본적으로 그러한 방향을 추구해 온 것 아닙니까? 공사이원론이라 해도 입장에 따라서 상당히 다르다고 생각합니다만, 공사이원론과 입헌주의의 관계에 대하여 좀 더 자세히 설명해 주시겠습니까?

하 예를 들면, 종교는 그것을 믿는 사람에게는 매우 중요한 것입니다. 인생의 의미를 제공해주고 이 우주가 왜 존재하는지도 가르쳐 줍니다. 그래서 자신에게 중요한 종교는 반드시 다른 사람에게도 중요한 것일 겁니다. 그래서 자기가 올바르다고 믿는 종교를 모든 사람에게 강요하고 싶은 게 사람의 자연스러운 마음이라는 것입니다. 그런데 종교는 단지 하나만 존재하는 것이 아니라서 서로 다른 종교를 신봉하는 사람들 사이에서 '도대체 무엇이 올바른 종교인가'를 둘러싸고 피비린내 나는 싸움이 시작됩니다.

그것을 막기 위해서는 일부러 인간의 자연스러운 마음에 위반되는 한이 있더라도 인간의 생활영역을 공적 부분과 사적 부분으로 나눠야 합니다. 사적 영역에서는 각자가 '이것이 올바르다'고 믿는 바에 따라서 자유롭게 사는 권리가 보장되어야 합니다. 이에 반해 공적 영역은 어떤 가치관이나 세계관을 가지고 있더라도 모든 사람들에게 공통된 사회 전체의 이익, 즉 공익의 실현을 위해 생각하고 결정하는 장입니다. 거기에 자기가 믿는 사적 가치관이나 세계관을 그대로 '직수입'할 경우에는 어려움에 부딪히게 되니까 그런 부분은 사적 영역에서 추구하도록 하되 일단 공적 영역에 나온 이상 누구나 납득할 수 있는 논의를 전개해야 할 필요가 있다고 봅니다.

천하국가에 관한 논의는 사적인 얘깃거리인가?

스 그렇군요. 그렇다면 다양한 가치관들 간의 대립은 거의 모두가 사적 영역으로 몰아넣게 되네요. 그래도 괜찮은 건가요? 공사가 그렇게 명확히 구분될 수 있는 것이 아닌 것 같은데요.

아까도 언급했듯이, 아렌트는 예를 들어 경제나 노동처럼 인간의 생존과 관련된 문제는 기본적으로 사적인 문제이므로 공론장에서는 전혀 다루지 않았습니다. 그러나 오늘날 길을 걷고 있는 사람에게 '정치란 무엇이라고 생각합니까'라고 물어보면, '이해 조정'이나 '경기대책'이라고 대답하지 않겠습니까? 아렌트의 관점에서 보면 그것은 전혀 공적이지 않습니다. 그런데 일반 사람들은 그것을 공적인 것이라고 생각하고 있어요.

한편, 하세베 선생이 생각하는 공적 영역은 아렌트와 정반대로 이해 조정과 같은 것만을 대상으로 하고 있다는 느낌을 줍니다. 가치관의 대립은 일단 제쳐 놓고 제도의 근간에 관련되는 틀은 손대지 않은 채 논의하자는 느낌이죠. 이것은 20세기 정치학에서 '이익집단 자유주의'라고 불리면서 비판되어 온 것과 가깝지 않습니까? 즉, 상호 대립하는 이익집단 간의 갈등으로 정치를 이해하는 방법입니다. 하세베 선생의 생각으로는 국가 본연의 모습에 관련된 문제라든가 가치관이 대립하는 문제는 모두 공적이지 않으며, '사적 얘깃거리'가 되어 버려서 공론장에서 원천봉쇄 되는 것이 아닙니까?

하　가치관의 대립과 관련된 문제가 언론 같은 장에서 논의되는 것은 물론 괜찮습니다. 그러나 그것을 정치의 심의 및 결정의 장으로 직접 가져 오는 것은 바람직하지 않습니다. 미국의 정치학자 로버트 달(Robert Dahl)은 민주정치는 제도의 근간에 관련된 문제를 제쳐 둔 채 '사소한 것'만을 처리할 때 잘된다고 주장합니다. 그리고 이익집단 자유주의도 실은 그렇게 나쁜 것은 아니죠. 정당이나 압력단체 같이 발언권이나 정치 력이 강한 이익집단만 정치의 무대로 올라와 공익을 도외시하고 자기들 주장만 관철되도록 무리수를 두거나 타협만 한다는 이미지가 있는 것 같 습니다만, 오늘날 민주적 정치과정하에서는 표면적으로나 실제적으로 나 '이것이 사회 전체에 이익이 된다'고 주장하지 않으면 그것이야말로 다수파 공작이 잘 이루어지지 않아 언론도 여론도 납득하지 않을 것입니 다.

스　법철학자인 이노우에 다쓰오(井上達夫) 선생은 일본은 '중간 집단 의 전제(專制)'라고 주장합니다. 일본에서는 노동조합이나 경제단체 등 특수이익집단이 힘이 세서 투덜거리거나 위세를 부리고 있습니다. 그렇 기 때문에 전체의 이익으로서의 공익이 사익에 희생되는 구도이지요.

　　제가 이러한 주장에 반드시 찬성하는 것은 아닙니다. 이것은 2005년 총선 때 고이즈미 수상이 제기한 논점과 비슷합니다. 우정민영화는 공익 을 실현하는 것이며, 이것에 반대하는 세력은 사적 이익을 추구하고 있다고 고이즈미 수상은 말했습니다. 그러나 실제로는 우정민영화로 이득을 보는 것은 국민 전체가 아니라 외국 자본을 비롯해 보험회사나 민간의 금융기관입니다. 즉, 실은 사익과 사익이 부딪힌 것이라고도 말할 수 있습니다. 무엇이 공익이고 무엇이 사익인지 그렇게 간단히 정의를 내릴 수 있는 게 아니지 않습니까? 그리고 만약 어떤 정책이 국민 다수에게 이익을 가져다 줄 경우에도, 그렇다고 해서 그것에 반대하는 소수파를 사익이란 이름으로 공격하는 것은 일종의 '다수자의 전제'로 이어지지 않습니까?

하 공익과 사익은 질적인 차이가 아니라 정도의 차이라고 생각합니다. 헌법학자가 자주 예로 드는 '공익'은 '자유로운 표현이 보장된 공간이 존재하는' 것입니다. 그 이익은 사회에 사는 모든 사람들에게 돌아갑니다. 극히 넓고 얇지만요. 물론 그 공익도 직접 언론에 속하는 사람들만 특수이익을 누리는 것이 아니냐는 비판은 가능합니다. 그러나 그것도 언론인들에게 일종의 특권을 인정함으로써 결과적으로 사회 전체로 이익이 넓게 퍼지는 효과는 있다고 봅니다.

가치관 대립의 첨예화

스 이야기를 입헌주의의 공사이원론으로 돌리겠습니다만, 사적 영역에 국한시켜야 하는 것으로 하세베 선생은 아까부터 종교를 예로 들어서 설명하고 있습니다. 그런데 가치관에 관련된 대립은 곧 종교에만 한정되는 것은 아니잖습니까. 예를 들면 자본주의경제인가 사회주의경제인가, 경제적 경쟁을 중시하느냐 평등이나 복지를 중시하느냐, 나아가 민주주의냐 군주제냐 등과 같은 대립들도 그에 해당됩니다.

　　정치학에서는 공론장에서 오히려 그런 부분에 대해서 많이 논의해도 된다, 공론장에는 다양한 논의들이 나와도 된다고 주장하고 있습니다만, 하세베 선생의 입헌주의는 가치관의 대립을 가져오지 말라고 합니다. 그렇다면 공론장에서의 논의의 범위가 상당히 한정되는 것 아닙니까?

하　사회주의나 군주제에 대해서도 공론장에서 논의해도 괜찮다고 봅니다. 예를 들어 '사회주의국가가 되어야 할 것인가'에 대해서 논한다면, 기간산업을 국유화하면 장기적 투자가 가능해지고 국제적 기업연합체에 매수될 위험성도 줄어들기 때문에 국유화를 진행해야 한다는 논의를 할 수 없는 것은 아닐 것입니다. 공화제 국가를 군주제로 바꾸는 것은 어려울 수도 있지만, 군주제 국가를 공화제로 바꾸는 것이 좋겠다는 논의는 당연히 있을 수 있습니다. 이것은 가치관이나 세계관, 즉 삶의 의미나 우주가 왜 존재하는가와 관련되지 않기에 공론장에서 많이 논의해도 무방하다고 보는데요.

스　그 부분에 대해서 조금 더 논의하고 싶은데, 아마 하세베 선생의 입헌주의에서 가장 두려워하는 것은 서로 다른 세계관이 충돌하는 사태인 것 같습니다. 종교 대립이나 이데올로기 대립이 노출되는 것이죠. 역사적으로 종교전쟁이 그랬고, 오늘날로 치면 과격한 테러의 응수로 이어지는 것을 우려하는 것 같습니다.

　　그런데 그렇다고 해도 하세베 선생처럼 이분법적으로 공사를 나누어 버리면 과연 잘될까요? 공론장을 더 다층적인 것으로 보면 어떨까요?

하세베 선생이 공적이라고 부르는 영역 이외에도 가치관이나 세계관에 관한 논의를 하는 영역을 인정해야 하지 않을까요. 이분법적으로 공사를 나누어 버리면 사적 영역 속에 다양한 것들이 밀어 넣어지게 되지 않겠습니까? 이게 문제라고 보는데 오해인가요?

하 어쩌면 오해가 아닐 수도 있습니다. 저는 공과 사는 내재적으로 미리 정해져 있는 것이 아니라 이성적 논의(reasoning)의 결과에 따라서 최종적으로 나뉜다고 생각합니다. '이것은 내 삶의 핵심에 관련된 문제이기 때문에 이러한 결론이 아니면 안 된다'라고 하면 그것은 그 사람의 개인적 문제이고 사적인 이유를 붙이게 되므로 그러한 주장을 공론장에서 하면 안 된다는 말입니다. 제가 생각하는 공적인 토론의 장도 스기타 선생이 생각하는 것보다 한정적입니다. 예를 들면 의회에서의 토론이나 텔레비전의 토론방송, 법원의 공방을 떠올리면 좋을 것 같습니다.

다른 한편, 제가 이해하기로는 아렌트가 그린 것은 나라를 지키기 위해서 목숨을 바쳐야 삶에 의미가 있다고 하는 시민적 휴머니즘(civic humanism)의 세계이며, 삶의 의미가 바른 시민으로서 살아야 할 공적 공간으로 흡수되어 버려서 제가 말하는 입헌주의와는 거리가 먼 것도 당연한 것 같습니다.

하버마스와 롤스

스 민주주의에서 '토의'의 중요성을 강조하는 경향으로는 최근 '토의민주주의론'이 있습니다만, 그것에 대해서 하세베 선생도 논하고 계시지요.

하 전후 일본의 민주주의론은, 헌법학 전반도 그렇습니다만, 오스트리아 출신의 공법학자인 한스 켈젠(Hans Kelsen, 1881~1973)의 영향이 매우 강합니다. 켈젠의 민주주의론은 적나라한 이익집단 자유주의이며, 게다가 그는 가치상대주의자이기 때문에 '어쨌든 다양한 이해를 협조하여 조화롭게 할 수 있을 정도로 민주주의를 하면 된다'고 말했으며, 그의 영향을 받은 미야자와 도시요시(宮沢俊義, 1899~1976)도 다음과 같이 말했습니다. '오늘날 의회는 무엇이 진정한 공익인가를 토의해서 결정하는 곳이 아니다. 다양한 이해의 현실적 타협의 장이라는 점에 오늘날 의회의 존재의의가 있다.'

저는 이것은 극단적 이해방식이라고 생각합니다. 사회 전체로 넓게 향수될 일반적 공익 역시 있을 것입니다. 여러 가지 제도들을 정비하면 의회에서의 토의나 결정이 그런 방향으로 향하도록 할 수 있을 것입니다. 이것이 토의민주주의에 대해 제가 쓴 것입니다만.

스 토의민주주의론은 독일의 사회학자 하버마스(Jürgen Habermas, 1929~)의 영향이 강합니다. 그는 이른바 '두 개의 회로'론에서 민주주의에는 두 개의 회로, 즉 하나는 의회와 같이 결정하는 장이고 또 하나는 그것을 둘러싼 토의를 위한 장이 있어야 한다고 말합니다. 토의의 장은 비공식적 영역이고 거기서는 상당히 근본부터 논의해도 좋습니다. 가치관을 노출해서 논의해도 괜찮습니다. 무엇이 문제인가를 철저히 논의해서 반드시 민주적 결정이 필요하다고 생각되는 의제만이 결정 과정으로 올라갑니다. 민주주의란 원래 논의해서 결정하는 것이므로 두 개의 측면이 있다는 것은 옛날부터 인식되어 왔습니다. 그것을 일부러 두 개의 장으로 나누어서 생각한 것인데, 토의민주주의론이란 주로 토의하는 '장'의 활성화를 상당히 도모하고 있는 것입니다.

이러한 논의와 비교할 때, 하세베 선생의 입헌주의는 가치관이 노출되기를 싫어하는 점에서 역시 상당히 이질적인 것이란 생각이 듭니다.

하 그렇습니다. 공적 영역에서 토의되어야 할 것을 이성적으로 논의(reasoning)하는 문제에 대해서 저는 하버마스보다는 미국의 정치철학자인 존 롤스(John Rawls, 1921~2002)의 생각에 가깝지 않나 싶습니다. 하버마스가 말하는 공론장(public sphere)은 서로 맞서는 가치관도 담론(discourse)의 윤리에 따라 순조롭게 논의한다는 행복한 공간이지만, 롤스는 헌법의 골격이나 기본적 정의와 관련된 문제에 대해서는 이성적 논의를 제한해야 한다고 말하고 있습니다. 저도 그 점에서는 롤스에 동의합니다.

다만, 하버마스는 의회의 심의가 여론에 미치는 영향과 선거 결과에 의한 정권교체의 가능성도 시야에 놓고, 보다 폭넓고도 장기적 관점에서 공론과 공익에 관한 결정 과정을 이해해야 한다고 말하고 있는데 저도 그렇다고 생각합니다.

참고로 하버마스의 이 논의는 나치 독일에 이론적인 틀을 제공한 것으로 유명한 독일의 정치학자 칼 슈미트(Carl Schmitt, 1888~1985)의 의회제 비판에 대한 응답이었습니다. 슈미트는 『현대 의회주의의 정신사적 지위』에서 이렇게 쓰고 있습니다. '종전처럼 유산계급만 정치에 참여하는 고전적인 자유주의 의회제 시대와 달리, 현재는 인민대중이 정치의 장에 참여하고 있고 그들을 정치의 장으로 흡인하기 위해 조직정당이라는 매우 결집력이 큰 조직이 생겼다. 이들이 의회에서 표면적으로는 서로 다른 주장으로 부딪히고 있지만, 사실은 밀실에서 담합하고 있다.' 그는 오늘날 의회가 그런 장으로 변질되어 버렸다고 비판하고 있습니다.

이런 주장에 대해 제일 먼저 반론을 편 사람이 켈젠입니다. 켈젠은 '오늘날 의회제가 할 수 있는 것은 고작 그 정도이고 그것으로 되지 않았느냐'는 입장이며, 그것을 계승한 미야자와 도시요시도 그러했다고 여겨집니다.

이에 대해 하버마스는 '현대 의회제 민주주의에도 아직 할 수 있는 것이 있다'고 주장했습니다. 다만, 저는 하버마스와 달리 공론의 결정 과정에 가져올 수 있는 논의의 폭에는 스스로 제한이 있다고 봅니다만.

이슬람과 바티칸의 경우

스　입헌주의와 민주주의의 관계에 대해서는 나중에 논의하겠지만, 입헌주의가 두려워하고 있는 것을 명확히 하기 위해서 이슬람 등 종교의 문제에 대해 좀 확인해 보겠습니다. 이슬람 국가들은 정교분리를 아직까지 부정하고 있습니다. 이것은 바로 하세베 선생이 말한 근대입헌주의의 근간을 부정하는 것인데요. 그렇다면 이슬람과 그 이외의 세속화된 자유민주주의 간에는 아주 원리적 대립, 말하자면 '문명의 충돌'이 존재하기 때문에 공존이 불가능하지 않겠습니까?

하　그것이야말로 역사 전문가에게 물어보지 않으면 알 수 없겠지만, 비슷한 체제의 차이는 바티칸과 자유민주주의국가 간에도 존재합니다.

다만, 다행히도 바티칸과 자유민주주의국가들 사이에는, 예를 들어 피임을 인정할 것인가를 둘러싸고 견해의 차이는 있지만, 그렇게 심각하게 대립하지는 않습니다. 체제가 다르다고 해서 반드시 심각한 대립으로 이어지는 것은 아니라고 봅니다.

저도 이슬람 전문가는 아닙니다만, 만약 이슬람이 매우 철저한 정교일치의 생각을 갖고 있다고 할 때 그런 사람들끼리 국가를 만드는 것은 가능하다고 봅니다. 자유민주주의의 입장에 서 있는 나라로서도 그것 자체를 부정할 필요는 없습니다. 바티칸의 존재는 인정하고 있는 것이니까요.

다만, 이슬람 같이 정교일치 입장에 있는 사람들도 다른 종교나 종파의 사람들과 함께 사회를 만들려고 한다면 역시 자유민주주의의 생각을 빌리지 않으면 인간다운 사회가 되지 않습니다. 유럽 국가들도 처음부터 자유민주주의였던 것은 아닙니다. 여러 가지 역사의 교훈과 선택이 있었던 것입니다.

스 의도적으로 좀 극단적 논의를 해 보겠습니다. 종교 대립이나 이데올로기 대립의 격화를 막기 위해서 종교를 사적 영역에 가둬 두는 것이 입헌주의겠지만, 그 이외에도 대립의 격화를 막는 방법이 있을 것입니다. 만약 국가가 하나의 종교를 강요할 수 있다면, 우리는 이제 종교 대립을 보지 않아도 될 것입니다. 거기서는 종교 대립이 아예 존재할 수 없게 되기 때문입니다. 이것은 입헌주의적 해결과 등가(等價)입니까?

하 네, 등가라고 봅니다. 어떤 사회가 정말로 동일한 종교를 믿고 동일한 가치관, 세계관을 믿는 사람들만 모인 곳이라면 그 사회는 자유민주주의의 틀을 구비할 필요가 없다고 봅니다.

다만, 사실문제로서 그것이 과연 그렇게 쉽게 가능한 현상인가. 바티칸은 상당히 인위적으로 만들어진 국가이지만, 인간을 그대로 놔두면 가치관이나 우주관이 저절로 하나가 된다고 생각하기는 좀 어렵습니다. 역시 자유민주주의 틀이 없으면, 그 틀 자체의 문제를 해결하지 못하는 사회가 점차 많아질 것으로 봐야 하지 않을까요.

2. 민주주의는 입헌주의와 대립하는가?

개헌은 자주 하는 것이 더 민주적인가?

스   우리 정치학자들이 보기에 이상하게 느껴지는 것이 있습니다. 헌법을 만드는 것은 지극히 정치적 행위가 아닙니까. 헌법은 모든 법의 모법(母法)이기 때문에 모든 법률이 그것에 의거해 만들어지는 아주 중요한 틀입니다. 그럼에도 일단 헌법이 만들어지면 헌법전으로부터 정치성이 사상(捨象)되어서 뭔가 신비적 존재라고 할까, 정치를 초월하는 존재 이미지로 되어 버립니다. 그 점에 어쩔 수 없이 위화감을 느끼게 됩니다. 예를 들면 독일의 철학자인 발터 베냐민(Walter Benjamin, 1892~1940)은 법으로 질서를 만드는 행위에 수반하는 폭력을 '법 조정(措定)적 폭력'이라고 표현했습니다. 법질서를 만들 때에는 무엇인가를 배제하는 것이 수반됩니다. 그런 정치적인 것이 헌법에는 각인되어 있다고 보는데, 그 부분에 대해서 종전의 헌법학에서는 어떻게 생각해 왔는지요?

하 종전의 헌법학의 생각은 잘 모르겠습니다만, 제가 이해하기로는 스기타 선생이 말하는 정치에는 두 가지가 있다고 생각합니다. '대문자의 정치'와 '소문자의 정치'입니다.

소문자의 정치는 우리가 일상생활 속에서 항상 하고 있는 것입니다만, 사소한 것부터 시작해서 사람들 간의 이해를 조정해서 타협을 찾는 정치입니다. 헌법이 규정한 원칙은 이러한 소문자의 정치가 지켜야 할 큰 틀이라고 생각합니다. 그 틀을 결정하는 것이 대문자의 정치인데 소문자의 정치는 틀을 바꿀 수 없습니다. 그리고 대문자의 정치는 언제나 변동의 대상이 되는 것은 아닙니다.

스 입헌주의라는 글자의 첫 글자인 '입(立)'자의 한자적 의미에서 오는 이미지 탓인지는 몰라도 입헌주의란 헌법의 제정행위 그 자체를 중시하는 것이라고 생각하는 사람들도 있는 것 같습니다. 그것이 국민주권이나 민주주의라는 이념과 결합되어서 헌법은 민의에 따라 자주 고쳐 만드는 것이 좋다는 생각도 실제로 있습니다. 즉, 헌법이 민주주의를 제한하고 있는 것 아닌가 하는 의문이 세간에 존재한다는 것입니다. 이것을 그냥 초보적 오해라고 물리칠 수 있을까요? 헌법을 가짐으로써 정치과정에 제한을 부과하는 것이 입헌주의의 하나의 핵심이라고 생각합니다만, 이것은 민주주의와 긴장관계에 있는 것이 아닌지요? 이 점에 대해서는 어떻게 생각합니까?

헌법 조문에는 '원리'와 '준칙'이 있다

하　헌법전의 규범에는, 제가 자주 쓰는 표현인데, '원리'와 '준칙'의 두 가지가 있다고 봅니다. 준칙은 어떤 문제의 정답을 하나로 정하는 것입니다. 예를 들면 도로의 교통규칙으로 차가 좌측통행인지 우측통행인지가 하나로 정해져 있습니다. 다른 예로, 이 도로는 주차금지인가 아닌가 하는 문제도 그렇습니다. 이에 반해 원리는 예를 들면 '표현의 자유는 아주 중요하다. 표현의 자유를 보장해야 한다'는 것이 전형적입니다. 이것은 구체적 법률문제에 대해 정답을 하나로 정하는 것이 아닙니다. 표현의 자유는 중요하지만, 행복추구권이란 다른 원리를 가져오면 개인의 프라이버시나 명예도 지켜야 합니다. 표현의 자유와 프라이버시가 충돌할 수도 있습니다. 따라서 원리는 어떤 가치나 어떤 원칙이 중요하다고 하면 어떤 법률문제에 대해 답을 그 쪽으로 유도하도록 작동하지만, 다른 원리와 대립할 수도 있기 때문에 서로 충돌하는 복수의 원리를 조정하여 해법을 도출하려고 하는 사고의 과정(process)이 따로 필요합니다.

헌법전을 바꿀 필요가 생긴다고 하면, 아마 준칙을 규정하는 조문일 것입니다. 최근 프랑스의 예로서 대통령의 임기를 7년에서 5년으로 바꾸기 위해서는 헌법 개정이 필요합니다. 국회의 회기의 일수(日數)를 바꾸는 것도 그렇습니다. 이런 것들은 전형적인 '준칙'입니다. 이와 반대로 원리를 규정하는 조문을 계속해서 바꿀 필요는 거의 없으며, 법원이나 정부의 헌법 해석을 통해서 시대의 요청에 부합되도록 하는 것이 일반적인 방법일 것입니다. 참고로 헌법상의 원리는 이른바 프로그램 규정이라는 생각과는 다릅니다. 예를 들면 생존권을 규정한 제25조가 프로그램 규정이라고 하는 것은 제25조에는 법적 의미가 아예 없다는 얘기입니다. 법적 의미를 인정한 다음에야 비로소 그 규정은 원리인지 준칙인지를 생각할 필요가 있습니다.

스　민주주의와의 관계에 대해서는 어떻습니까? 왜 우리는 이렇게 바꾸기 어려운 헌법을 가지고 있는 것일까요?

하　민주주의 원칙에 따르는 이상, 헌법이라고 해도 민중의 의사에 따라 자유롭게 바꿔도 된다는 논의가 있는 것은 말씀하신 대로입니다. 다만 입헌주의하에서 경성헌법, 즉 바꾸기 어려운 헌법을 갖고 있는 취지는 일상적인 정치과정과 그 근거가 되는 헌법원리의 변경에 관련되는 정치과정을 구분하기 위해서 입니다. 이것을 예일대학의 헌법학자인 애커먼(Bruce Ackerman)의 말로 표현하면, 일상적인 정치과정이 '일상정치(normal politics)'이며 방금 말한 '소문자의 정치'입니다. 이에 비해 헌법원리에 관련된 것을 변경하는 '대문자의 정치' 과정은 '헌법 정치(constitutional politics)'입니다. 예를 들어 '표현의 자유'라는 원리는 민주주의의 적절한 과정을 지키기 위한 것이기 때문에 사회의 장기적 가치를 지키기 위해서라도 그때그때의 정치적 다수파의 의향으로 바꾸면 안 됩니다. 헌법 조문 안에서도 특히 그런 원리원칙에 관련된 것은 일상적 정치과정에서 쉽게 바꾸면 안 된다고 봅니다.

헌법은 취해서 쓴 것인가?

스   일본 헌법은 국회의 양원, 즉 중의원과 참의원에서 각각 3분의 2이상
의 찬성을 얻은 후 국민투표에서 과반수의 지지를 얻지 못하면 바꿀 수
없는 전형적인 경성헌법입니다. 그 이유로 자주 거론되는 예가 술을 마시
기 전에 차 열쇠를 다른 사람에게 맡기는 것이 좋다는 얘기입니다. 이것은
자신을 신뢰하지 못하여, 술에 취한 채 운전할 수도 있는 상황을 미리 막자
는 것입니다. 헌법도 이와 마찬가지로 민중이 자신의 선택으로 장기적
고려에 의거하여 자신의 장래 행동을 구속하는 것입니다. 그래서 민주주
의와 모순이 되지 않는다는 것이고, 바로 그 이유 때문에 그 나름의 설득력
이 있습니다. 다만 문제는 이 예로서는 열쇠를 맡길 때는 깨어 있는데 그
후에 술을 마신다는 얘기입니다.

　　그런데 헌법을 만들 때는 과연 깨어 있는 것일까요? 실제 역사를 봐도
프랑스 헌법 같은 경우 혁명의 광란 상태 속에서 만들어졌습니다. 그 후
몇 번 개정되었지만요. 취해 있었다고까지는 말할 수 없겠지만, 상당히
기분이 고양된 상황 속에서 만들어진 것입니다. 미국 헌법의 경우도 어떤
의미에서는 독립전쟁 후 상당히 기분이 고양된 상황에서 만들어졌지요.
또한 일본 헌법의 성립 과정도 술에 취한 것은 아니지만 역시 정상적 상황
은 아니었습니다.

　　따라서 역사적으로 보면 반드시 가장 냉정한 상황이라고 말할 수
없을 때 헌법이 만들어졌다는 것입니다. 그렇다면, 앞에서와 같은 비유,
즉 매우 냉정하고 합리적 상황 속에서 사람들이 스스로를 구속하겠다고
결단을 내렸다는 설명은 과연 성립될 수 있을까요?

하　이것이 '합리적 자기구속(precommitment)'이라는 논증(reasoning)입니다. 이제까지 실제로 있었던 많은 헌법 제정 과정이 과연 그렇게 냉정한 정치과정이었다고 말할 수 있을까요? 그것에 대해서 합리적 자기구속이란, 앞에서 말한 자동차 키의 예도 그렇습니다만, 동일한 행위 주체가 자신의 행동의 범위를 미리 스스로 제한하는 것이 일반적입니다. 그런데 헌법의 경우, 제정하는 세대와 제약을 받게 되는 세대가 다른 경우가 많습니다. 그래서 이 합리적 자기구속이라는 설명에는 한계가 있다고 생각합니다.

　　이것은 헌법 제정의 경위에 관한 설명이라기보다는 '실제로 헌법은 존재한다. 그것에 의해 우리는 제약을 받고 있다. 이것을 도대체 어떻게 설명할 것인가'라는 문제에 대해서 사후적으로 설명하는 논리로 받아들이는 게 오히려 좋을 것입니다. 정당화의 논리로서의 합리적 자기구속은 특별히 헌법전의 경우에만 한정되는 것이 아닙니다. 그것은 예를 들면 금융정책은 통상의 정치과정으로부터 독립해 있는 중앙은행의 결정에 맡기는 것이 장기적으로는 그때그때의 정치적 다수파의 의향에 좌우되지 않고 안정적인 금융정책을 펼칠 수 있을 것이라는 생각을 바탕에 두고 있습니다. 그리고 전쟁이나 혁명 같은 대혼란기에 헌법이 만들어지는 경우가 많다고 해도 다른 나라의 헌법 사상이나 경험을 참고로 해서 기초를 마련하는 것이 일반적이기에 반드시 너무 고양된 상태에서 취해서 헌법을 쓴 것은 아닐 것입니다.

미국 헌정사상의 3대 변혁기

스 앞에서 애커먼의 일상정치와 헌법정치라는 두 가지 국면을 소개해 주셨습니다. '우리의 틀 자체를 크게 바꾸는 변혁의 시기와 그런 변화가 일어난 후에 그 바탕 위에서 일상적 정치를 하는 시기가 있다.' 애커먼은 미국 정치사 속에서 역사적 계기와 같은 것을 발견한 것으로 보입니다.

애커먼은 건국기, 남북전쟁기, 그리고 뉴딜기의 세 시기가 미국사에서 헌법정치의 시기라고 말하고 있습니다. 단지 이것은 하세베 선생도 다른 책 『헌법이란 무엇인가?』(岩波新書)에서도 썼습니다만, 반드시 헌법전 그 자체의 변경을 수반하는 것은 아닙니다.

하 뉴딜 때는 그렇습니다.

스 네, 그때는 헌법전의 변경을 수반하지 않았습니다. 헌법전은 바뀌지 않았지만, 나중에 보니까 정치체제가 전체적으로 바뀌었다는 사실입니다. 그렇다면 이른바 '해석 개헌'이라는 것도 개헌의 범위 안에 들어가는 것은 아닐까요? 헌법을 바꾸는 시기와 그렇지 않은 시기를 구분한다기보다는 일본의 해석 개헌과 같이 일정한 시간에 걸쳐서 해석이 바뀌면 애커먼이 말한 '헌법정치'가 있다는 것이 되지 않을까요? 그렇다면 두 가지 국면을 나누는 것의 실익(實益)이 잘 이해가 되지 않습니다.

하 분명히 애커먼의 이러한 분류에 대해서는 비판이 있습니다만, 헌법정치의 과정에서 바뀌는 것은 헌법의 '준칙'이 아니라 '원리'라고 생각합니다. 프랑스나 미국의 헌법 개정은 많은 경우 준칙을 바꾸는 것이고 그것만으로는 사람들이 헌법이 근본적으로 바뀌었다고 생각하지 않습니다. 즉, 헌법'전'을 바꾸는 것과 헌법을 포함한 정치체제의 근본원리가 바뀌는 것은 반드시 일치하지 않습니다.

더 나아가 애커먼에게는 앞에서 스기타 선생이 말씀한 이익집단 자유주의적인 정치에 대한 사고방식 같은 것이 깔려 있습니다. 인간이란 자신이나 가까운 사람들의 눈앞에 있는 이익을 추구하는 것이 보통이고 사회 일반의 공익을 실현시키려고 노력하는 것은 별로 생각하지 않는다는 것이죠. 그런데 앞에서 언급하신 미국 헌정사의 세 차례 대변혁기에는 미국 인민은 공익을 실현시키기 위해 위대한 지도자 밑에서 힘을 모아 노력했다는 그런 얘기를 애커먼은 제시하고 있는 것입니다.

개헌이 없으면 어딘가 부족한가?

ㅅ   헌법정치가 노출되는 시기란 일종의 '공화주의'—이 말도 어떻게 사용하느냐에 따라 다르지만—적 열정, 즉 '우리가 정치의 주인공'이라는 주권자의 노출이 나타나는 시기죠. 그리고 그런 일이 가끔 일어나는 것이 미국의 좋은 전통이라는, 어떻게 보면 미국사에 대한 상당히 자기도취적 느낌도 엿보입니다. 이것과 일본의 문제를 연결시켜 생각하는 것이 좋을지는 모르겠지만, 굳이 한다면 일본의 이른바 개헌론의, 비교적 양질의 부분이 있다면, 바로 그런 공화주의적인 것이 나타나는 경험을 하고 싶다, 즉 애커먼이 말하는 헌법정치를 경험해 보고 싶다는 것이 아닌가 싶습니다. 그것을 어떻게 보십니까? 즉, 우리는 과거에 헌법정치의 경험이 없어

서 어딘가 부족하다는 생각을 말이죠.

하　이러한 헌법정치는 인간의 힘만이 아니라 하늘의 때를 얻지 못하면 나타나기 어려운 것이라고 생각합니다만.

스　함부로 할 수 있는 것이 아니라는 것이죠.

하　네. 미국의 경우, 우선 건국기는 당연하지만, 남북전쟁 후 재건의 시대는 역시 인종차별을 없애고 사회를 통합한다는 이념을 실현시키려고 한 시기입니다. 그리고 뉴딜 시기는 국가의 역할이 근본적으로 바뀌어서 사회생활의 모든 국면을 정부가 배려해야 한다는 식으로 크게 바뀌었죠.

　　그래서 일본에서 이런 헌법정치를 경험하자고 한다면, 물론 '경험하고 싶다'는 마음은 잘 알겠지만, 지금이 그 시기인가를 우선 생각해야 한다고 봅니다. 오늘날 일본은 헌법의 근본적 원리의 변경이 필요한가? 그렇지 않은데도 바꾸는 것은 극히 위험한 일이고, '원리를 바꿀 필요는 없다. 어디라도 괜찮으니 조문을 바꾸고 싶다'는 것이라면 그것은 헌법정치에 해당되지 않는다고 봅니다.

환경권은 규정하지 않아도 된다

스　개헌론자는 자주 환경권 등을 내세워서 '이런 권리가 없잖습니까'라고 합니다. '지금 규정으로는 충분하지 않다. 입헌주의의 관점에서도 새로운 권리를 추가해야 한다'고 말이죠.

하 환경권이나 프라이버시권은 자주 문제가 되지만 후자는 이미 사법
상의 권리로서 보장되어 있고 침해의 위험이 있으면 가처분이 가능하며
사후적으로 배상도 가능합니다. 그리고 헌법상의 권리로도 생명, 자유,
그리고 행복추구권을 규정한 헌법 제13조의 해석으로서 판례로 확실히
인정되어 있기 때문에 헌법의 조문으로 새로 추가한다고 해도 실질적으
로는 바뀌지 않을 것입니다.

환경권도 결론은 같습니다. 환경권이라는 말을 단지 헌법의 조문에
추가한다고 해서 그것만으로 뭔가 좋은 환경이 이루어지는 것은 아닙니
다. 별도의 법률 제정이나 행정 활동이 필요합니다. 하지만 법률이나 행정
의 차원에서 제도가 만들어진다면 헌법에 '환경권'이 추가된다 해도 특별
히 달라지는 것은 없습니다. 어쨌든 이런 문제로 헌법의 조문을 바꾸는
것은 상징적 의미밖에 없다는 게 제 생각입니다.

스 그 경우, 예를 들면 '환경권은 반드시 쓰여 있지 않아도 되지만 언론의
자유는 반드시 쓰여 있어야 한다'고 어떻게 판단할 수 있겠습니까? '이것
은 써 넣어야 하지만, 저것은 굳이 쓰지 않아도 된다'는 구분의 기준은
무엇입니까?

하 언론의 자유는 제21조에서 이미 보장하고 있습니다만, 적어도 '국가
로부터 침해를 받지 않는다'는 의미에서의 헌법상의 자유는 가령 명문화
된 근거 조문이 없어도 제13조를 통해 충분히 해석할 수 있기 때문에 새로

운 문제가 발생해서 새로운 권리를 헌법상 인정할 필요가 생긴다고 해도 제13조로 충분히 대응할 수 있다고 봅니다.

　　반면, 환경권 같이 그것을 실현시키기 위해서 국가의 적극적 입법이나 시책이 필요한 권리의 경우는 헌법의 조항을 바꾸는 데 힘쓰기보다는 바로 일상정치의 장에서 양호한 환경을 실현하도록 노력해야 한다고 생각합니다.

스　그렇다면 제13조 이외의 권리조항은 다 없애도 무방하다는 얘기가 될 텐데요.

하　극단적으로 말하면 그렇습니다. 다만 역사적 경위에서 말한다면, 예를 들어 영국의 철학자인 존 로크(John Locke, 1632~1704)의 영향을 받은 자유주의자는 자신의 고유한 재산(property)과 거기서 비롯되는 행복추구권을 출발점으로 하고 있고, 그것으로 전부를 커버할 수 있다고 생각했습니다. 그렇게 많은 조항은 필요 없다는 것이죠. 원래 헌법 조항을 만들기 전부터 자연권은 각자가 태어날 때부터 고유한 것으로 갖고 있다는 것입니다. 다만, 현재 있는 조항을 굳이 없앨 필요도 없다고 생각합니다만.

스　그런 생각은 이해는 가는데 지금까지 우리가 학교에서 배운 얘기와는 톤이 상당히 다릅니다. 권리라는 말로 규정하지 않으면 국가권력으로 하여금 인정하도록 만들 수 없다고 배워 왔습니다. 헌법이 국가권력을 구속하기 위해 존재한다는 측면을 강조한다면, 헌법전이 사소한 것까지다 기술해 놓지 않으면 걱정이 아닌가요?

하　예를 들어 계약서를 비유로 들어 말하자면, 준칙에 해당되는 조항은 자세히 기술하는 것이 보다 명확해지는 방법인 것은 맞습니다. 그러나 원리에 해당되는 조항은 그것만으로 구체적 문제에 대한 해법이 하나로 정해지는 것이 아닙니다. 다양한 원리는 서로 충돌하기도 하며, 하나하나 나열한 결과 오히려 불명확해질 수도 있습니다.

사회권은 입헌주의의 불순물인가?

스　앞에서 권리를 두 개로 나누었습니다. 하나는 언론의 자유와 같은 자유권인데, 그것은 국가로부터 침해되지 않도록 하기 위한 권리, 다시 말하면 국가로부터 방해 받지 않는 소극적 권리입니다. 또 하나는 복지 등 사회권, 즉 국가로 하여금 이것저것 하기를 원하는 적극적 권리입니다. 그런데 헌법의 주된 목적이 국가권력을 제약하는 데 있다면 적극적 권리가 규정되어 있다는 것은 납득하기 어려운 부분입니다.

하　입헌주의적 관점에서는 적극적 권리가 규정되어 있다는 것의 의미는 그렇게 크지 않다고 생각합니다. 적극적 권리는 국가의 입법이나 적극적 시책을 요구하는 권리인데, 그것이 실현되기 위해서는 헌법을 운운하기보다도 통상적인 일상 정치과정 속에서 요구해야 할 것입니다.

스　그러면 입헌주의란 좀 심하게 말하자면 역사적으로 국가의 역할이 경찰, 국방 등으로 한정되었던 이른바 야경국가적 국가상에 대응한 것입니까? 하지만 오늘날은 행정국가 내지 복지국가, 즉 행정의 역할이 확대되어 한편으로는 국민을 조세나 징병 등으로 동원하지만 다른 한편으로는 복지의 향유나 행복추구가 헌법에 권리로서 명기된 상태입니다. 하세베 선생이 보기에 이러한 전개, 즉 국가 기능의 확대는 입헌주의로는 좀 다루기 어렵다고 할까, 헌법에게 불순물 같은 것이란 뜻입니까?

하 '불순물'이라고 말할 수 있을지는 모르겠지만, 헌법이 야경국가에 대응한다기보다는 어떤 국가가 야경국가여야 할지 아니면 복지국가여야 할지는 그야말로 민주적 정치과정을 통해서 결정해야 할 문제라고 봅니다. 앞서 예로 든 미국도 뉴딜 시기에 국가의 역할이 복지국가로 극적으로 바뀌었지만 헌법의 조문 자체는 아무것도 바뀐 것이 없습니다. 따라서 일본 헌법의 경우도 적극적 권리와 관련된 조문이 없다고 해도 복지국가로서의 서비스를 정부가 적극적으로 해야 한다고 결정하는 것은 하려고만 하면 충분히 가능하지 않을까요?

전쟁이 복지국가를 필요로 했다

스 바로 여기서 애당초 국가를 어떻게 파악할 것인가 하는 문제와의 관계가 등장합니다. 저는 프랑스의 사상가 미셸 푸코(Michel Foucault, 1926~1984)의 영향을 상당히 받고 있어서 적어도 현대의 국가는 어떤 계급이 다른 계급을 지배하거나 특정한 집단이 국가권력을 장악해서 다른 사람들에게 일방적으로 권력을 행사하는 상태라고 보지는 않습니다.

그보다는 민중 스스로가 어느 정도 자발적으로 국가라는 것을 지탱하는 주체가 되고 있는 측면이 있다고 봅니다. 민중이 전쟁에 협력하는 대신 그들에게 복지 제공과 같은 적극적 권리를 보장한다는, 이른바 서로 도움을 주고받는 이미지를 심어 줌으로써 국가를 운영해 왔다고도 말할 수 있을 것입니다. 그렇기 때문에 전쟁과 복지는 둘 다 20세기에서 중요한 의미를 가진 것인데, 그렇다면 헌법을 그냥 '국가권력을 제한하는 것'으로서 파악하는 게 과연 현재의 국가 모습을 설명하는 것으로 충분할까요?

물론 헌법에는 국가권력을 제한한다는 측면이 있습니다만, 그것만은 아니잖습니까? 복지 같은 적극적 권리와 관련된 부분은 결국 국민이 그 재원을 부담하지 않으면 이루어지지 않습니다. 재원도 마련하지 않은 채 국가권력에게 하라고 하는 것도 무리입니다. 즉, 국민 스스로가 스스로에게 어느 정도의 서비스를 하는가가 기본이고, 국가란 그것을 실시하기 위한 기관이라는 측면을 가질 것입니다.

또한 국민주권과의 관계에서도 헌법은 주권자인 국민의 선언, 즉 '우리는 이런 질서를 만든다'는 선언으로서의 성격을 지닌다고 생각합니다. 최근 자민당이나 민주당의 정치인들이 헌법은 국민의 '행위규범'이기도 하다면서 헌법에 국민의 '책무'를 추가적으로 명기해야 한다고 주장하고 있습니다. 종래 헌법학 상식으로는 이것은 '헌법에 대한 공부가 부족한 데서 오는 잘못된 생각'이라고 얘기를 끝내 버릴 수도 있습니다. 하지만 그것으로 괜찮을까요? 물론 저는 정치인들이 혹시 입헌주의를 뒤집어서 헌법이란 '국가권력이 국민을 제약하는 것'으로 생각하고 있다면, 그것이야말로 큰 잘못이라고 봅니다. 그러나 다른 한편 주권자인 국민이 스스로를 일방적인 권력행사에 의해 지배당하는 무력한 대상으로 간주하는 것에도 근본적인 문제가 있다고 생각합니다. 국민주권을 단순히 표제로만 간주하지 않는 한 우리는 권력을 행사하는 측면과 권력이 행사되는 측면의 이중성을 지닌다고 말할 수 있지 않을까요?

하　지적하신 점을 제가 충분히 이해했는지 모르겠습니다만, 19세기가 끝날 무렵 전쟁 방식이 근본적으로 변화했고, 그 결과 국가의 모습도 크게 달라졌습니다. 비스마르크(Otto von Bismarck)의 독일 제2제국(1871~1918)이 형성되는 과정에서 군사기술의 혁신으로 총포(銃砲)의 정밀도가 큰 폭으로 향상되어 그 전의 나폴레옹이 보급한 전법, 즉 저렴한 가격으로 모집한 군대를 상대방 진지의 한 지점에 집중적으로 투입하는 전술을 더 이상 채택할 수 없게 되었습니다. 그 결과 프로이센 같이 고도로 훈련되고 규율 잡힌 군대로 상대편 군대를 포위해서 전멸시키는 전술이 자리 잡게 됩니다. 그리고 이것이 잘 되었기에 다른 나라들도 따라 하게 됩니다. 그렇게 되면 지적하신 대로 장기간에 걸친 징병제가 채택되어 온 국민을 전쟁에 동원하게 되고, 그에 상응해서 국가가 온 국민의 복지를 돌보아 주면서 일반 대중을 모두 정치에 참여시키게 됩니다. 그래서 복지국가와 근대 민주제가 하나의 세트로 필요한 것입니다. 역사적으로는 그런 경위라고 생각합니다.

그렇다면 오늘날의 국가는 어떤가? 적어도 냉전은 일단 끝났습니다. 냉전 기간 중 동서 양 진영은 각 체제의 정당성을 걸고서 자기 진영의 국민 전체를 핵무기에 의한 상호전멸의 위협하에 상대방에게 인질로 제공하는 방식으로 냉전을 치렀기 때문에 두 진영 모두 복지국가정책을 추구할 수밖에 없었을 것입니다. 그러나 냉전이 끝나고 나서는 더 이상 어린이부터 고령자까지 온 국민을 일상적으로 동원할 필요가 없어졌으니 국가는 복지국가정책으로부터 후퇴하는 것이 적어도 가능해졌다는 것입니다. 오히려 개인의 선택의 자유를 보장하는 대신 결과에 대해서는 자기가 책임을 저야 한다는 식의 국가가 되려고 합니다. 그럴 경우, '후퇴하지 말라'고 헌법에 규정한다고 해도 종전의 환경권과 마찬가지로 얼마나 의미가 있을지 의문입니다. 만약 '앞으로도 복지국가정책을 유지해서 온 국민의 복지를 가능한 한 격차가 없도록 향상, 유지시키는 데 노력해야 한다'고 생각한다면, 이것이야말로 일상의 민주적 정치과정 속에서 그 실현을 도모할 수밖에 없지 않습니까? 여기서 헌법에 도움을 요청한다고 해도 상관이 없다고 생각합니다.

국민주권 대 국가권력

스 정치과정에 최종적으로 의존한다는 것에 저도 전적으로 동의하지만, 다시 한 번 여쭤 보고 싶은 것은 '주권'을 어떻게 생각할 것인가 하는 문제입니다.

제가 원래부터 알고 있는 헌법학은 권력론이란 점에서는 '국가권력이 일방적으로 국민에게 미치고 있다'는 사고방식이었다고 생각합니다. 그러나 이것은 국민주권, 즉 '국민이 최고권력자'라는 근본원리와 맞지 않습니다. 그래서 '권력담당자'라는 표현을 써서 '국민은 형식적으로 주권자이지만, 실제 권력은 권력담당자인 정부나 내각총리대신에게 있다'고 설명되어 왔습니다. 이것은 국민주권이란 일종의 '미사여구'에 불과하다는 사고방식이며, 저는 국민주권을 공동화(空洞化)시킬 수도 있는 논의라고 봅니다. 물론 주권이란 말이 갖는 독선적 성격이나 위험성은 저도 인식하고 있습니다만, 국민을 수동적인 것으로만 과연 괜찮을지 궁금합니다.

하 큰 주제를 던져 주신 것인데요,(웃음) 저는 주권이란 개념을 지나치게 자기목적화시키면 안 된다고 생각합니다.

원래 저는 국가란 어떤 목적하에 국민에게 복지 향상이나 치안 유지 같은 서비스를 제공하기 위해 운영되고 지지되는 일종의 법인이라고 생각하기 때문에 주권 개념도 국가의 서비스를 보다 잘 설명하는 개념으로서 어디까지 유효한가 하는 정도라고 생각합니다. 그 재원을 조달할 때 범죄 단속이나 세금 징수하는 것 같은 강제적인 힘을 발휘하기 때문에 결국은 '국민이 그것을 지지한다'는 정당성의 근거와 국민에 대한 책임성(accountability)이 있어야만 합니다. 국민주권은 그것에 한에서 의미가 있다고 봅니다. '주권자니까 타자로부터 제약을 전혀 받지 않는다'든가 혹은 '국가의 권력인 이상 최고이자 독립적'이라든가 하는 식의 신학적 논의에는 별로 관여하지 않은 게 좋다고 저는 생각합니다.

스 지금까지는 학교의 사회 수업 등에서 국가와 국민을 대치시켜 '국가란 매우 위험한 것이라서 국민이 헌법으로 국가를 제한한다'는 식으로 설명되어 왔다고 봅니다. 이런 의미로 국가를 제한한다고 할 경우, '우리가 이런 국가라는 제도를 만들고 유지하고 있다'는 식이 아니라 '우리가 국가로부터 일방적으로 뭔가 피해만 받고 있다'고 생각되기 쉽습니다. 그러나 일단 민주주의라면 국가가 행하는 것의 책임의 일정 정도는 우리한 사람 한 사람에게도 있을 것입니다.

예를 들면 최근 안전(security) 강화로 인해 특정한 종교나 신조를 갖는 사람들의 인권이 침해를 당하고 있습니다. 외국인을 의심하는 풍조도 보입니다. 감시카메라가 길거리에 많이 설치되어 있습니다. 이것은 정치인이나 관료가 함부로 하는 것은 아닐 것입니다. 우리 스스로가 테러나 범죄가 무섭다는 이유로 그러한 방향성을 암묵리에 지지하는 면이 있다는 것입니다. 우리 스스로가 다양한 결정을 하고 있다는 순환이 당연히 있습니다. 그것을 전제로 할 때 헌법은 국민이 국가를 제한하는 것이기에 우리가 제한 받지 않는다는 것이 아니라, 최종적으로는 '우리가 우리의 행동을 스스로 제한하고 있다'는 해석이 될 수밖에 없는데요.

하 예, 그렇군요. 이것도 어려운 논의입니다만, 헌법학에서 종래 생각해 온 권력관계를 어떻게 볼 것인가 하는 문제입니다.

단순화하면, 막스 베버(Max Weber, 1864~1920)가 말한 대로 어떤 사회에서 물리적 강제력을 정당하게 행사하는 권한이 국가로 집중되어 있지 않으면 안 된다. 그리고 그러한 국가의 권한 행사에는 제한이 가해져야 한다는 것이 논리의 순서라고 생각합니다.

이에 대해 국가가 그러한 '독점된 정당한 강제권력'을 발동할 때 국가를 향해 이러한 형식으로 이런 서비스를 제공받고 싶다고 국민 측에서 뭔가 요구하는 것은 당연히 있을 수 있지만, 그 요구 자체는 전통적 의미에서의 이른바 권력의 행사가 아니라고 헌법학자는 말할 것입니다. 그렇다면 어디에 주목하는가 하면 역시 베버가 말한 권력관계를 어떻게 제한하느냐가 중요하다고 봅니다만…….

헌법은 행위규범인가?

스 잘 알겠습니다만, 그 경우 '정당하다'고 누가 정당화하는 것입니까? 민주적 과정이 어느 정도 기능하고 있다면, 정당화의 근거 자체가 최종적으로 우리에게 있다고 할 수밖에 없을 텐데요.

군주제에서 군대나 경찰이 왕의 사병(私兵)으로서 행동하고 있다면, 우리는 그런 조직의 행동을 좌우할 수 없습니다. 그러나 민주적 과정이 어느 정도 기능하고 있고 경찰이나 군대가 뭔가 하고 있다는 것은, 그들이 제멋대로 한다거나 어떤 특정한 지배계급이 그들을 움직이고 있다는 입장을 취하지 않는 한, 최종적으로는 우리가 그들을 움직이고 있다는 것이 됩니다. 만약 그들이 우리와 관계없이 함부로 움직이고 있다면 그런 움직임에 대해서는 바로 민주주의의 이름으로 비판해야 합니다. 그것이 민주적 통제죠.

그렇다면 헌법이란 우리가 경찰이나 군대를 이렇게 움직이면 안 된다든지 전쟁을 일으키면 안 된다는 등과 같이 자기규율에 근간이 있는 것은 아닐까요? 국가에 대해 경찰을 그렇게 움직이면 안 된다고 우리가 요구만 하는 얘기는 아닐 것인데요.

하 말씀하신 대로라고 생각합니다.

스 그렇다면 정치인들이 '헌법은 행위규범'이라고 말하는 것을 어떻게 생각하는지요? 입헌주의를 이해하는 근간에 관련된다고 생각되는데요.

하　뭐라 대답하면 좋을지 잘 모르겠습니다만, 아까의 예로 돌아가서 얘기하자면 프로이센이 새로운 방법으로 전쟁을 시작하고 일반 대중이 정치의 무대로 등장해서 많은 국가들이 어떤 민주주의를 만들까 하는 기로에 서게 되었을 때, 파시즘은 그 나름의 민주주의를 만드는 방법이 있었습니다. 즉, 민족을 기준으로 사회를 동질화시키고, 사회와 정치권력을 실제로 행사하는 사람들 사이에 동질성을 확보하는 것을 민주주의라고 했습니다. 한편 공산주의는 계급을 기준으로 동질성을 확보하는 데 반해 자유민주주의 입장을 취하는 나라들의 기본적 사고방식은 '사회의 동질성은 달성할 수 없다'는 것입니다. 사람들에게 다양한 가치관이 있고 이해관계도 다양하기 때문에 그것을 무리하게 동질화시키려 해도 애초부터 가능하지 않다는 것입니다. 그렇다면 장기적인 시간의 프레임에서 보면 정치과정 속에서 다수파, 소수파의 이합집산이 일어나기 때문에 어떤 문제에 대해서는 다수파지만, 다른 문제에 대해서는 소수파가 될 수도 있습니다. 문제에 따라 다수파, 소수파가 바뀔 수도 있고 정권교체도 가능하다는 것이지요. 이러한 장기적 과정 속에서 이해의 대립, 가치관의 대립을 수습해 나가자고 하는 것이 의회제 민주주의의 입장이었던 것입니다.

파시즘의 경우라면, 이해의 대립이 생길 때 사회 내의 이질적인 분자나 외국인을 배제하기만 하면 된다고 생각하며, 공산주의라면 계급의 적을 희생양으로 하면 된다고 생각할 것입니다. 그런데 자유민주주의는 이질적인 분자를 배제하지 않고 이해 대립을 안으로 끌어들여서 어떻게든 해 나가자는 시스템입니다.

그러기 위해서는 마지막 출구인 공권력의 행사를 제한한다는 것도 그렇습니다만, 입구에 해당되는 정치과정상의 의사결정에서도 역시 어떤 제한이 있어야 하는 것이고, 민주주의 과정에 관한 위헌법률심사권 등을 포함하여 그 과정에 대한 통제도 당연히 입헌주의의 시야에 들어와 있다는 것은 답으로 어떨까요?

칼 슈미트의 인권관

스 아울러 여러 가지 확인해 두고 싶은 것이 있는데, 예를 들면 홉스 (Thomas Hobbes, 1588~1679)의 사회계약론에서는 원래 인간에게 자연 권이 있다는 점이 강조되었습니다. 요컨대 자기방어권, 즉 스스로의 생활 을 지키는 권리는 국가가 존재하기 이전부터 있다는 것입니다. 거기까지 는 괜찮은데, 그대로 놔두면 자연권이 서로 충돌해서 '만인에 대한 만인의 투쟁'이 되므로 자연권에 대한 해석권을 특정한 주권자에게 양도해야 한 다는 식으로 홉스는 얘기합니다. 그렇게 일단 국가가 만들어지면 우리는 더 이상 자연권을 돌려받지 못합니다. 이것은 국민주권과 부합하는 생각 이 전혀 아닙니다. 그런데 로크는 자연권에 대한 해석권을 어떤 정부에 신탁할 뿐이다, 즉 위임해서 그 운영을 맡길 뿐이라고 생각한 것입니다. 그래서 정부가 지나치게 잘못을 하면 정치질서를 해체해서 자연권을 돌 려받을 수 있다는 것인데, 이것이라면 국민주권과 정합적입니다.

일본 헌법도 로크의 논의에 상당히 바탕을 두고 있는데, 그렇다면 모든 것이 우리의 자연권으로부터 출발하고 있는 것이라고 좀 더 의식할 필요가 있지는 않을까요? 지금까지 일본 사람들의 일반적인 헌법 이해로 는 마치 헌법이 있고 나서 비로소 권리가 주어진다는 사고방식이 보통입 니다. 헌법이란 국가로 하여금 권리를 인정하도록 요구하기 위해 존재한다는 식의 입헌주의에 대한 종래의 이해방식도 그런 견해를 조장한 측면이 있습니다. 그러나 자연권으로서 태어날 때부터 권리를 가지고 있다면 헌법에 권리를 열거할 필요가 있을까요? 우리가 헌법을 만들어서 정치질서를 구성해도 원래 자연권을 갖는 주체라는 점은 변함이 없습니다. 따라서 명시적으로 금지되어 있지 않은 것은 다 할 수 있는 것입니다. 그래서 금지사항만이 규정되어 있다면 이해는 갑니다. 그 경우도 주인공은 우리니까 정부가 우리에게 금지한다는 구성은 이상한 것입니다. 우리가 자기규율로서 '우리는 이러저러한 것은 하지 않는다'고 규정하는 것이 사리에 맞지 않을까요?

하　지금 제기된 문제는 칼 슈미트가 『헌법이론』에서 논의한 문제입니다. '바이마르 헌법에는 왜 인권 조항이 있는가?' 즉, 스기타 선생이 말한 것처럼 사람은 원래 전(前)국가적 권리를 지니고 있고, 그것은 인권 조항에 열거된 것으로 한정되지 않습니다. 이에 반해 국가는 원래 그 권한이 제약되어서 만들어진 것입니다. 그런 이상, 반복되지만 의회제를 잘 만들어서 공정하게 여론이 반영된다면 시민의 권리는 마땅히 지켜질 것이므로 그 이상으로 '인권 조항을 지켜 주시오' 등을 말할 필요는 원래 없을 것입니다. 그래서 바이마르 헌법의 인권 조항은 단순한 예시적 확인에 불과한 것이고 열거하는 것 자체에는 특별한 의미가 없습니다. 헌법으로서 의미가 있는 것은 어디까지나 의회제를 중심으로 하여 이른바 시민적 법치국가의 틀을 정한 '통치 구조'의 부분이고, 그것만 있으면 헌법으로서 충분하다는 결론에 이릅니다. 그래서 그 논의를 전제로 하는 한, 스기타 선생이 말씀하신 대로라고 생각합니다만.

스 하세베 선생 본인도 그런 견해를 갖고 있다고 생각해도 문제가 없는지요?

하 이러한 견해를 어디까지 이어갈 수 있을지는 슈미트가 생각하는 시민적 법치국가를 그 자신이 어디까지 믿고 있었는가 하는 것과 관계가 있습니다.

즉, 그는 다른 한편으로 앞에서도 말했지만, 일반 대중이 정치의 장에 참여하기 시작한 현대 민주주의에서는 자유주의적 정치체제는 아예 성립되지 못하는데, 그 이유는 의회제가 기능부전(機能不全)이 되기 때문이라고 주장하고 있습니다. 그렇다면 이러한 슈미트의 틀에 의거해서 그의 논의에 동조할 수는 없습니다. 그러면 현대 민주주의 아래에서 의회제가 제대로 기능하기 위해서는 어떻게 하면 좋은가? 이 문제는 앞에서 말한 하버마스의 공론장의 기능을 어떻게 적정화시키느냐 하는 문제와 연결됩니다.

다만 현대의 헌법학자로서 말하지 않으면 안 되는 것은 하버마스와 같이 확충(擴充)된 의회제 민주주의는 정치과정으로부터 독립한 법원이 존재하고 몇 가지 기초가 되는 권리가 보장되어서야 비로소 적절하게 운영된다는 것입니다. 예를 들면 표현의 자유나 다수결의 과정에서 배제되기 쉬운 소수파의 권리 보장 등도 포함해야 비로소 현대 입헌주의는 완전한 것에 가까워진다고 봅니다.

헌법을 '관의 명령'으로 생각하는 정치인

스   만약 제 정리가 잘못되었다면 지적해 주시길 바랍니다. 방금 말씀하신 '국가는 법인'이라는 관점에 서면 헌법은 주식회의의 정관과 같이 이른바 통치 구조의 규정만 갖는 것이 원래의 모습이 되지 않을까요? 한편 인권에 대해서는 우리는 원래 자연권을 갖고 있기 때문에 예를 들면 '인권 선언' 같은 형식으로 일방적으로 선언해 둡니다. 이것은 정부란 기관에게 우리가 요구하는 것이 아니라 우리가 본래부터 지니고 있는 권리를 확인하는 문서지요. 요컨대 성격이 전혀 다른 요소들을 합체한 것이 우리 헌법이라고 이해해도 괜찮은 것인지 궁금합니다.

하   전(前)국가적 자연권에서 출발하면 그런 이야기가 된다고 생각합니다. 헌법에 규정되어 있는 인권 조항은 그래도 두 가지 역할을 지니고 있다고 봅니다.

국가라는 법인을 만드는 이상 그 법인의 목적이 필요합니다. 앞에서 말한 대로 기본적으로 국가의 목적은 각각의 사람들이 본래 가지고 있는 권리를 보장하고 국민 전체의 복리를 향상시키는 서비스를 공급하는 것이기 때문에 그 목적을 어디까지 기술하느냐가 한편으로는 문제가 됩니다.

다른 한편 그 목적을 실현하기 위해 국가가 다양한 활동을 한다고 해도 역시 각 사람들이 가지고 있는 권리를 침해하지 않은 범위에서, 설사 침해할 경우도 충분한 이유가 있는 그런 형식으로 활동하지 않으면 안 된다는 제약이 필요합니다. 현재 많은 헌법전에서 볼 수 있는 인권 조항은 이런 두 가지 기능을 지니고 있다고 봅니다. 다만 슈미트의 논의에 따르면, 그것도 너무 당연한 일이라서 굳이 헌법전에 기술할 필요가 없다는 생각도 전혀 할 수 없는 것은 아니라고 봅니다.

스 그렇군요. 그 점에서 제가 의문이 드는 것은 그렇게 성격이 다른 것들이 헌법전이라는 하나의 문서에 규정되어 있는 것이 과연 타당한가 하는 문제입니다. 말하자면 정부의 '정관' 같은 통치 구조에 대한 규정과 우리가 원래 갖고 있는 권리를 확인하는 선언이 하나의 같은 문서로 되어 있습니다. 그것이 마치 우리가 국가에 의해 비로소 권리의 주체가 되는 것처럼, 우리가 주인공이 아닌 것처럼 오해하게 만드는 측면은 없는 것이지요.

그래서 권리에 대해서도 자신은 그냥 요구만 하면 된다고 생각하기 쉽습니다. 그러나 앞에서 말한 것처럼, 특히 적극적 권리인 사회권은 스스로 어느 정도 세금을 낼 각오가 있는가, 어느 정도 부담할 것인가 하는 문제와 떼어서 생각할 수 없습니다. 또한 헌법에 기술할지 안 할지는 별도로 해도, 환경권 같은 것도 정부에게 일방적으로 요구하는 것이라고 생각할 수 없습니다. 정치인이나 고급 관료만이 환경을 오염시킨다면 모르겠지만, 실제로는 우리 자신도 오염을 시키고 있다는 의미에서 환경권은 우리가 스스로에게 부과하는 의무적인 측면도 포함하고 있습니다.

보수적 정치인이 자주 '헌법에는 권리만 서술되어 있고 책무나 의무는 기술되어 있지 않다'고 주장하는 것은 아마 헌법을 '관의 명령' 정도로 파악해서 국민에게 뭔가를 하지 못하게 한다고 생각하는 것인데 이것은 말이 안 되는 이야기입니다. 그러나 한편으로 거기에는 약간의 진실도 포함되어 있지 않을까요?

우리 자신이 스스로를 '일방적으로 요구만 하는 주체'로 파악해도 괜찮은 것인가? 우리는 국가가 존재하든 안 하든 간에 전(前)국가적 권리를 본래 가지고 있습니다. 그런 주체로서 먼저 존재하고 있다는 인식에서 출발하여 주권자인 우리 한 사람 한 사람이 자신들이 필요로 하는 질서를 실현하기 위한 하나의 수단으로서 예를 들면 국가 같은 것을 만들어 봤다고 할 만큼 국가와 거리를 두는 시각을 가져야 하지 않을까요? 지금까지처럼 국가권력에게 요구만 하는 존재라는 형식으로 문제를 이해한다면 오히려 국가를 과도하게 절대화해 버리는 것이 되지 않을까요?

하 '네, 말씀하신 대로'라고 말하면 안 되니까 다르게 이야기해야 합니다만, (웃음) 많은 사람들이 일상적으로 정치에 대한 주체적 참여를 별로 의식하지 않은 채 어떻게 국가가 제공하는 서비스의 이익을 챙길 것인가만 생각해서 거기에만 관심이 있다는 것은 말씀하신 대로라고 저도 봅니다.

하지만, 제가 생각하기에 사람이란 원래 그런 것이 아닌가 싶습니다. 애커먼도 그렇습니다만, 역시 사람이란 자신의 이익이라든지 가까운 사람들의 이익을 먼저 생각해서 사는 것이고 사회 전체의 이익이나 혹은 본 적도 없는 사람이나 후속 세대의 사람들이 어떤 생활을 하느냐 하는 문제에 별로 관심이 없다고 생각합니다. 이것은 헌법과 관계없는 인간의 본성이라고 생각되므로 헌법을 바꾼다고 해도 일부 정치인이 기대하는 바대로 그런 부분이 바뀌게 될지는 잘 모르겠습니다.

또 하나는 민주주의의 현상이 어떻게 되어 있는가 하는 문제가 있다고 봅니다. 보통 사람들은 민주주의라 해도 텔레비전이나 신문 등을 통해서 정치에 대해 알게 되고 선거 때만 투표하러 가는 등 그냥 그것뿐인 얘기입니다. 반면 위정자 등 이른바 '엘리트'는 어떻게 하는가 하면 시민이 잘 생각하기 전의 직감적인 생각을 여론조사 등을 통해서 알아보려고 합니다. 어떻게 하면 그것을 활용한 선전활동으로 사람들이 가지고 있는 이미지를 자신에게 유리하게 바꿀 수 있는지에만 관심을 두고 있어, 보통 사람들이 스스로 당사자라는 감각을 가지려고 해도 어려운 것 같습니다. 예를 들면 2005년 9월에 중의원선거에서 각 정당들이 광고(PR)회사를 이용해서 여론조사나 의식조사를 하고 그 자료를 분석하여 그것을 바탕으로 국민여론을 어떤 방향으로 유도하기 위해서 이미지 선전을 펼친 것은 그 전형적 예입니다. 저는 이것은 민주주의의 위기라고 생각합니다.

그래서 당사자성을 회복하는 것이 중요한데 그것을 회복하기 위해서는 그 나름의 방법이 필요합니다. 애커먼은 스탠포드대학의 제임스 휘스킨(James S. Fishkin)과 함께 "심의의 공휴일(deliberation day)"이라는 아이디어를 내놓은 바 있습니다. 대통령 선거 일주일 전에 공휴일을 설정하고 유권자들을 마을회관이나 학교로 모아서 '도대체 다음 대통령 선거의 진정한 쟁점이 무엇인가, 모두 모여서 토의해 보자'는 아이디어입니다. 요컨대, 유권자들이 직감이나 이미지가 아니라 잘 생각하고 나서 행동하는 것이 중요하다고 정치인들이 생각을 바꿔 주지 않으면 안 됩니다. 그래야 비로소 당사자성이 회복되는 것인데 이것도 헌법의 조항과는 직접 관계가 없습니다.

민주주의의 폭주를 막는다

스 아마 문제는 사람들이 자신의 전(前)국가적 권리를 의식하고 그것에 의거해서 행동할 수 있는 역량이 있는가, 혹은 국가를 냉정하게 '법인'으로 이용하는 역량이 있는가일 것입니다. 하세베 선생이 말씀하신 것은 그런 역량을 키우는 것은 좀 어렵기 때문에 종전의 헌법과 같이 사람들이 알기 쉬운 형식으로 권리를 열거하는 것이 좋다는 것이지요. 그렇게 함으로써 일정한 수준을 유지하려고 하는, 말하자면 계몽적 전략인 셈이네요.

아까 질문 드린 점과도 관련됩니다만, 하세베 선생이 입헌주의를 강조한 배경에는 민중의 자기결정으로서의 민주주의가 폭주할 수도 있다는, 일종의 포퓰리즘적인 것에 대한 우려가 깔려 있다고 봐도 되겠습니까?

하 그렇습니다. 헌법상 권리를 열거하는 이유 중 하나는 사적 영역에서 보면 그 영역에서 확보되어야 할 권리의 범위를 명확히 하기 위한 것이고, 공적 영역에서 보면 사회 전체의 이익에 대한 논의가 이성적으로 이루어지기 위해서 공적 영역에 들어오는 것을 제어하는 역할이 있을 것입니다. 그래서 이 두 측면을 포함하여 현대 입헌주의가 가지고 있는 것과 같은 제어장치를 정비하지 않으면 민주주의가 폭주할 가능성이 있다고 봅니다.

스 지금까지 국가권력을 제한하는 것으로 입헌주의를 이해할 때 그 국가권력이란 궁극적으로는 우리 자신으로부터 나온 것임을 의식하지 않는 사람이 많았을 것이라는 점을 저는 문제로 삼았습니다. 요컨대 국가권력이란 폭력 장치이고 우리는 그런 권력의 작용을 어떻게 할 수 없다고 생각하면 애로에 부딪히게 될 것입니다. 왜냐하면 민주주의에서는 정치의 폭주가 일어날 때, 그 책임의 일부는 우리 한 사람 한 사람에게도 있기 때문입니다. 오히려 우리 민주주의 자체에 폭주할 위험성이 존재하고 그것을 미리 막으려고 하고 있다고 이해한다면, 입헌주의라는 틀에 저는 그렇게 거부감을 느끼지 않는 것이 아닌가라고 생각합니다.

하 네. 그런 생각에 저도 이견이 없습니다. 민주적 정치과정 자체가 우리 스스로가 비민주적 결단을 내릴 위험성을 수반한다는 점을 충분히 알면서도 일종의 합리적 자기구속을 하고 있다는 그런 설명 방식도 있을 수 있다고 봅니다.

2장

절대평화주의는 입헌주의와 양립할 수 없다

1. 9조의 무엇이 문제인가?

절대평화주의로는 왜 안 되는가?

스　저는 전부터 안보, 즉 방위 문제와 입헌주의 관계에 대한 하세베 선생의 논의에 주목해 왔습니다. 그것은 당연히 호헌론과 개헌론 사이의 최대 쟁점이 되어 온 헌법 9조의 문제와 직접적으로 관련된 주제지만, 우선은 하세베 선생의 논의를 확인하고자 합니다.

하　이전에도 언급한 바와 같이, 입헌주의는 사람들 사이에 다양한 가치관, 세계관이 존재한다는 것을 전제로, 그들 간의 대립이 첨예화되지 않도록 하기 위해 공적 영역과 사적 영역을 나누는 것에서 출발합니다. 각자가 정말로 중요하다, 이것이야말로 올바른 삶의 방식이라고 생각하는 것은 사적 영역에 한정하고, 그것을 공적인 영역, 다시 말해 의회 같이 사회 전체의 이익에 대해 의논하는 곳으로는 가져오지 않는 것, 이것이 입헌주의의 원칙이 되겠습니다.

한편 종래 9조 해석의 주류가 되어 온 것이 절대평화주의인데, 이러한 사고방식으로 국민의 생명이나 재산을 실효적으로 보전하려고 해도 그것이 그다지 현실적이지 않다고 판단된다는 점입니다. 그런데도 비무장 절대평화주의를 실현하자고 주장하는 것은, '그것만이 오직 올바르고, 사람으로서 살아가야 할 길'이라는 발상이 아니겠습니까. 그러한 생각에 기초해서 사회 전체의 방향성을 정해 버린다면 어떻게 될까요? 공적인 자리에 '이것이 유일하게 옳은 삶의 길이다'라는 식의 가치관을 가지고 와서 공론의 장을 점거하게 되기 때문에, 이것은 입헌주의의 사고방식에 반하는 것이 됩니다.

개인의 자위권으로부터 생각한다

스 종래의 논의는 호헌론이든 개헌론이든 모두 몇 가지의 전제 위에서 진행되고 있었다고 생각합니다. 하세베 선생은 그러한 전제를 일부러 제쳐 두고 근본적인 곳부터 논의를 시작하고 있습니다. 그 부분에 저는 공감합니다.

한 가지 핵심은 전(前)국가적인 자위권과의 관계라고 생각합니다. 자신의 생명이나 생활이 위협받게 되면, 누구라도 그것에 저항하겠지요. 정치사상사적으로 그것은 자연권으로 인정되어 왔습니다. 이러한 '개인의 자위권'과 이른바 '국가의 자위권'과의 관계를 어떻게 생각할 것인가가 핵심입니다.

우리는 자위권에 대해 언급할 때, 당연히 국가의 자위권에서부터 시작해서 국가의 개별적 자위권과 집단적 자위권의 유무 여부를 논해 왔습니다. 그러나 대체 국가가 권리를 가지고 있다는 것은 어떠한 것인가? 권리라는 것은 개인이 가지고 있는 것이지요. '국가에게 표현의 자유가 있다'고는 말하지 않으면서 '국가에게 자위권이 있다'고 보통 말하고 있습니다. 이것은 애당초 권리라는 말의 남용이 아닐까요.(웃음)

하 이것은, 국제법상의 표현으로, 그 특정한 문맥에 한정된 이야기로 생각한다면요…….

스 국가의 주조권(鑄造權)이라는 표현도 하지요.

하 그렇지요. 화폐 주조권을 주권자가 가지고 있다는 것과 유사한 이야기지요. '매우 급박하고도 정당하지 못한 침해가 있을 경우에, 필요불가결한 범위 내에서 실력으로 반격하는 것이 가능하다'. 이것을 보통 '국가의 자위권'이라고 부릅니다. 하지만 저는 국가는 하나의 법인에 불과하다고 생각하기 때문에, 어째서 법인이 자위권을 가지고 있는가라고 생각해보면 분명히 이상한 이야기이긴 합니다.

스 우리가 국가를 자위권의 주체로 간주하는 국제법과 국제정치학의 이론 구성을 출발점으로 해 버린 결과 잊기 쉬운 것이 있습니다. 그것은 국가의 자위권은 원래 개인의 자위권에 기초한 것이라는 점입니다. '개인의 자위권'이란 말은 그다지 익숙하지 않을 수 있지만, 요컨대 자신의 안전을 스스로 지키는 권리를 말하는 것이지요. 홉스는 자기보존의 권리는 인간이 태어나면서부터 가지는 자연권이라고 했고, 존 로크는 개개인의 신체의 '고유성'과 사유재산을 결부시키는 형태로 소유권(property)을 논했습니다.

또한 그러한 자연권을 가진 개인이 사회계약을 체결하여 국가를 만드는 것이 사회계약론으로, 이것이 일본 헌법을 포함한 근대 정치질서의 기초인 것이지요. 각자가 제멋대로 자위권을 행사하면 서로의 이해(利害)가 충돌해서 혼란이 일어납니다. 그렇기 때문에 정부를 조직하여 자위권을 신탁(위임)하는 것인데, 그 목적은 어디까지나 개인의 자연권을 보호하는 데 있습니다. 따라서 홉스는 징병당하게 된다면 도망쳐도 된다고까지 말합니다. 그저 살아남고자 국가를 만들었는데 국가를 지키기 위해 군대에 끌려가서 죽어 버린다면 앞뒤가 맞지 않으므로, 최종적으로는 징병에서 도망쳐도 된다고 하였습니다.

이에 대해서는 그렇게 해서는 국가라는 게 성립되지 못한다고 하는 이견도 당연히 있습니다. 장 자크 루소(Jean-Jacques Rousseau, 1712~1778)는 그런 경우 개인보다 공동체를 중시하므로 '공동체를 지키기 위해서는 시민은 당연히 목숨을 바쳐야 한다'고 말합니다. 사회계약론 내에도 상당한 차이가 있습니다.

어쨌든 간에 국가가 먼저 있는 것이 아니라 한 사람 한 사람의 인간에게 필요하기 때문에 그것에 한해서 국가라는 것이 만들어졌다는 전제로부터 생각하는 것이 중요하다고 봅니다. 방위론이나 9조에 관해서는 더욱 그렇다고 봅니다.

그런데 종래의 호헌파와 개헌파 모두, 각각 다른 의미로, 개인이라는 관점이 희박했던 것은 아닐까요? 이러한 점을 문제 제기하신 분이 하세베 선생이라고 생각합니다. 개헌파는 9조를 바꿔서 군대를 가지고, 필요하다면 징병제도 고려한다, 국가의 자위권을 전면에 내세워서 국민에 희생자가 생겨도 어쩔 수 없다는 입장입니다. 반면 호헌파의 경우, 일부 사람들이 비무장과 무저항을 주장하고 있습니다만, 그것은 개인의 자위권을 일률적으로 부정하려는 논의가 아닌가 하는 의문이 듭니다. '무방비(無防備)도시선언'을 확장하려는 운동을 하는 사람도 있어서, 호헌파 안에서도 상당히 지지가 있는 것 같습니다. 제네바조약의 추가의정서에 있는 규정에 기초해서, 자치단체 차원에서 '우리는 외국의 군대가 침략해 오더라도 저항하지 않습니다. 그러니 잔인한 짓은 하지 말아주세요'라고 선언하고, 그것을 확장시켜 간다면 일본 전체를 비무장화할 수 있다는 사고방식이지요. 그러나 이런 규정은 원래 주권국가 간의 전쟁의 과정에서 특정지역에 대해서는 군사적 방어를 포기하고 점령을 용이하게 하는 대신 점령하는 측에 자제를 요구한다는, 말하자면 하나를 버림으로써 다른 하나를 얻으려고 하는 규정에 지나지 않습니다. 전쟁 그 자체를 없애는 논리가 아니라 전쟁을 원활히 하기 위한 규정입니다.

더욱이 저는 국가든 자치단체든 개개인의 자위권까지 일률적으로 빼앗으려고 하는 것에는 찬성할 수 없습니다. 예를 들어 대단히 포학(暴虐)한 군대가 온 것에 대항하여 내가 무기를 가지고 저항하면 그것은 자치단체의 선언에 반하고 마는 것입니다. '한 사람이 저항하면 당연히 다른 주민도 위험에 처하게 되지 않느냐'는 논리로 공동체는 나에게 '당신, 무장저항을 그만둬'라고, 경우에 따라서는 폭력적으로 명령할지도 모릅니다. 그때 내가 '어떤 일이 있어도 싸우겠다'고 하면, 감옥에 갈 수도 있습니다.

그렇다면 개인의 자위권을 무시하는 것 그 자체의 폭력성에 있어서, 실은 호헌파와 개헌파는 근본적으로 공통적인 면이 있습니다. 하세베 선생이 입헌주의라는 관점에서 문제 제기한 것도 그 점이라고 생각하는데, 이런 식으로 이해하는 것이 맞습니까?

하 네, 맞습니다.

헌법학의 주류는 '군민봉기론'

스 그렇다면 호헌파가 취할 수 있었던 하나의 가능성으로서, 또는 호헌·개헌의 틀과는 분리하여 생각하는 편이 좋을지도 모르겠지만, 일본에서 나온 적이 거의 없는 논의로서, 소위 민병론(民兵論)이 있지요. 스위스형 모델입니다.

정치학자 마루야마 마사오(丸山眞男, 1914~1996)는 1960년에 '일본인은 정치적인 당사자 의식이 너무 없다'라는 맥락에서 "권총을……"이라는 글을 써서 '국민에게 총을 나누어주라'고 말하고 있습니다. '자기 나라를 자신들이 지킨다는 의식이 없으면 정치적 발언을 제대로 할 수 있는 시민이 되지 못한다'고 주장했습니다. 그렇기 때문에 마루야마 선생은 반드시 단순한 의미에서의 절대평화주의자는 아니었던 것입니다.

이러한 이야기를 하면 마이클 무어 감독의 영화 "볼링 포 콜롬바인(Bowling for Columbine)"에 묘사된, 미국과 같은 총기 사회가 되어도 괜찮냐는 지적을 받습니다. 미국에서는 시민이 무장하는 권리가 헌법에 규정되어 있습니다. 이것은 정부가 강대해지고 상비군이 비대화하는 것이 건전한 정치에 해악이 된다는 생각에 바탕을 둔 것입니다. 물론 그 후 미국은 세계 최대의 상비군을 보유함과 동시에 국내적으로는 범죄다발 사회가 되어 버리고 말았습니다만, 이러한 민병론에 대해서는 어떻게 생각하십니까?

하 민병론과 상통하는 논의로서, 헌법학의 계보 중에는 '군민봉기론(群民蜂起論)'이 있습니다. 이것은 법학협회가 펴낸『주해(註解) 일본국헌법』(有斐閣, 1954)이란 책에서도 그런 가능성이 시사되어 있고, 제 스승이신 아시베 노부요시(芦部信喜, 1923~1999) 선생도 교과서에서 그 가능성에 대해 언급하고 있어서, 오히려 헌법학에서는 주류의 입장이라고 말할 수 있을지도 모르겠습니다.

민중이 전쟁을 원한다

스 군민봉기라는 것은 다시 말해서, 미국의 점령에 저항하는 이라크와 같은 이미지일까요?

하 빨치산전이죠. 9조가 금지하고 있는 것은 어디까지나 '정부가 상비군을 보유하는 것'이므로 인민이 빨치산전으로 저항하는 것은 반드시 헌법에 위반되는 것은 아닐 것입니다.

다만 빨치산전이 되면 시민이 무기를 들고 싸운다는 것인데, 전투원과 비전투원의 구분이 없어져서, 베트남전쟁에서와 같은 더없이 비참한 사태를 초래할 것입니다. 그래서 일반적인 무기로 상비군이 방위한다,

상비군이 존재함으로써 적의 공격을 사전에 막는다는 생각에 비해 손익 계산에서 수지가 맞지 않을 것이라 생각됩니다.

그리고 빨치산전이 현실적으로 의미를 가지는 것은 역시 냉전이라는 특수한 상황 속에서라고 생각합니다. 마루야마 마사오가 9조에 관한 논문에서 분명히 말하고 있습니다만, 냉전하에서 가능한 전쟁의 형태는 핵전쟁 아니면 빨치산전 두 가지뿐입니다. 거기서는 전투원과 비전투원의 구분이라는 전시법규의 기본원칙은 애초부터 성립이 안 된다고 말합니다. 당시로서는 그러한 논의도 있을 수 있었다고 생각합니다만, 오늘날에도 타당할지의 여부는 별개의 문제겠지요.

ㅅ 물론 안보나 안전(security)에 관한 논의는 역사와 기술을 배제하고는 말할 수 없겠지요. 처음부터 일본에서 비무장론이 지지를 받아 온 배경에는 말할 나위 없이 아주 포학한 상비군이 실제로 있었고, 그로 인한 비참한 경험을 통해 '어찌되었든 상비군만 없으면 전쟁이 안 되지 않겠는가'라고 생각했던 것입니다. 또한 사회적으로 '전쟁은 지배계급, 특권계급의 이익을 위한 것이고, 민중 전체에게는 이익이 되지 않는다'는 인식이 있었다고 생각합니다.

칸트(Immauel Kant, 1724~1804)의 '영구평화론'도 기본적으로는 '국민은 전쟁의 희생자로 전쟁에서 이익을 얻을 일이 없으므로, 공화제로 하면 전쟁은 없어질 것이다'라는 생각입니다. 즉, 왕이 국민이나 용병을 이용해 전쟁을 하기 때문에, 병사가 죽어도 아픔을 느끼지 않는다는 생각이나, 국민이 정치과정에 참여하게 되면 전쟁을 하지 않게 될 것이라는 식의 생각은 상당한 지지를 얻었다고 생각합니다.

다만 2차 세계대전 후에 미국이 수행한 일련의 전쟁을 보아도 알 수 있듯이, 민주평화론(민주화가 이루어지면 전쟁은 없어질 것이라는 논의)이 반드시 실현되는 것은 아닙니다. 민중 자신이 전쟁을 원하는 측면이 없다고는 단언할 수 없다는 것이 명확해졌습니다.

전후 일본은 일찍이 상비군이 폭주한 경험을 통해서 다시는 아무 무기도 보유하지 않는다, 완전한 무저항 아니면 빨치산전밖에 없다는 상황이 되었습니다. 냉전기에는 다른 생각이 나오기 시작했고, 지금 냉전이 끝나고 나서는 안보를 생각하는 전제조건이 더욱 변화하고 있습니다. 그렇다면 원래 안보 문제는 헌법이 규정해야만 하는 성질의 것인가라는 의문도 생길 것이고, 법철학자인 이노우에 다쓰오 선생의 말처럼, 오히려 호헌파에 가까운 입장에서 '헌법 9조는 삭제하라'는 주장도 실제로 있습니다. 그런 점에 대해서는 어떻게 생각하십니까?

군의 정통성을 제한한다

하　물론 하나의 생각으로서는 있을 수 있다고 봅니다. 다만 저는 군의 규모나 활동의 범위를 헌법을 통해 한정하는 것은 충분히 의미가 있다고 보고 있습니다.

하나는, 스기타 선생의 말씀처럼, 전전(戰前)의 일본의 군부가 정치과정에 미친 영향, 또는 20세기 후반에도 아시아나 남미 여러 나라들에서 군부가 민주적 정치과정에 끼친 영향을 생각해보면, 군의 존재 자체의 정통성을 어느 정도 부정해서 그 규모를 한정하는 것은 입헌주의의 목적에 비추어 보더라도 상당히 의미가 있다고 생각합니다.

다른 하나는, 군비는 각국 단위로 보유하는 것이 보통인데, 각각의 국가에서 안보를 확보하고자 하면 자기 나라만 상대적으로 약한 입장에 몰리지 않을까 서로 의심하게 되는 이른바 죄수의 딜레마(prisoner's dilemma) 상태가 되어 군비확대 경쟁이 일어나게 됩니다. 그래서 '우리나라는 이러한 범위 내에서만 군비를 보유한다'라고 주변 국가들과의 관계 속에서 공약(commitment)해 두는 것은 합리적 선택지라고 생각합니다.

스 그러나 9조와 같은 조문은 다른 나라의 헌법에는 별로 찾아보기 어렵습니다. 따라서 왜 일본만 그렇게 규정하지 않으면 안 되는가라는 뿌리 깊은 의문이 존재합니다만, 이것은 역사적인 이유에서 비롯된 것입니까?

하 역사적인 이유라고 해도 무방하겠지만, 일본이 9조 없이 다른 나라와 마찬가지로 필요에 따라 군비를 확대하게 된다면, 일본과 주변 지역의 군비 균형이 과연 긍정적인 방향으로 갈 것인가가 문제입니다. 일본 하나만이라도 헌법상으로 어떤 공약을 하는 것이 그 효과가 저는 전체적으로 긍정적인 방향으로 작용한다고 봅니다.

스 저도 방향성으로는 그렇게 생각합니다. 다만 헌법은 국법입니다. 그렇게 생각할 때 외국의 외교·군사정책 등에 미치는 영향을 주축으로 생각하는 것이 과연 타당할까요?

하 외교정책에 관해 말하자면, 예를 들어 조약 체결의 절차에 헌법으로 일정한 조건을 부과하는데, 이것은 일본뿐 아니라 다른 많은 국가에서도 그렇습니다. '국제정치에 관한 문제이므로 헌법에는 아무런 규정도 두지 않는 것이 좋다'고 말할 수 있을까요?

여기서 남게 되는 문제는 헌법에서 일정한 공약을 해 두는 것이, 일본을 포함한 주변 국가들의 군사적 균형 등을 감안할 때, 일본의 안보를 장기적으로 향상시킬 것인가 하는 '계산'의 문제입니다. 물론 평가는 엇갈릴 것이라 생각하지만, 저 자신은 이것이 긍정적인 방향으로 향하는 것이라고 봅니다.

적이 공격해 오면 도망친다

스 그렇군요. 조금 전에도 말했습니다만, 중요한 것은 어디까지나 개개인의 안전을 지킬 수 있느냐의 문제겠지요. 그 목적에 가장 적합한 방법이 무엇인가, 헌법에 무엇을 명시하고, 무엇을 바꾸거나 바꾸지 않을 것인가도 어디까지나 그러한 계산을 한 후에 선택해야 한다는 말이지요.

하 입헌주의의 기원까지 거슬러 올라가면, 역시 출발점으로는 개인의 자기보존의 권리에 초점을 맞추어야 한다고 생각합니다. 그렇게 보면 징병제를 통해 강제로 최전선으로 끌어내는 것도 적절치 않고, 적이 공격해 왔을 때는 민병 조직으로 저항한다는 것 역시 '왜 그렇게까지 해서 저항하지 않으면 안 되는 것인가. 나는 도망치고 싶다'는 이야기가 됩니다.

최종적으로는, 어떤 조직과 권한을 가진 장비가 있으면 국민 전체의 안보를 보다 효율적이고 효과적으로 보장할 수 있는가라는 문제입니다. 그러한 계산을 하는 데에 헌법학이 대체 어떤 도움이 될 수 있는가를 생각하는 것이 순서라고 생각합니다.

스 그렇게 생각해서 하세베 선생이 이끌어 낸 일반적인 해법은 '억제된 필요최소한의 상비군'이란 것입니다. 요컨대 거기서 자위대가 상정되어 있는데, 자위대는 위헌이라는 종래의 헌법학의 학설과는 명확히 선을 그은 것으로, 만일 상황이 변화하면 이러한 결론도 달라지는 것일까요? 예를 들어 일본 주변의 안보 환경이 악화되면 그에 따라 변하는 것입니까? 아니면 중장기적으로 타당한 일반적인 해법입니까?

하 그것은 입헌주의에 어느 정도까지 구애되느냐에 달려 있지만, 입헌주의의 원리에 충실하게 생각한다면 제 안보관은 그렇게 간단히 바뀌지 않을 것이라고 생각합니다.

9조는 준칙이 아니라 원리다

스 그 부분에서 예상되는 반론으로 자위대라는 이름의 상비군이 현존하고 있고 거기에 반대하는 사람도 적지만, 헌법 9조 2항에 '상비군을 보유하지 않는다'고 명시된 점에서 문언(文言)상의 모순이 존재하고, 바로 그 점이 입헌주의를 위협한다는 지적에 대해서는 어떻게 생각하십니까?

하 역시 자주 거론되는 부분입니다. 이에 대해 저는 '9조는 준칙이 아니라 원리로 이해해야 한다'고 생각합니다. 종래의 정통적 해석은 9조는 '군비에 관해서 일률적인 해답을 제시하는 준칙'이라는 것입니다. 저는 그러한 해석이 입헌주의의 기본적인 생각에 반한다고 생각합니다.

　　그러면 9조는 무엇을 말하고 있는 것인가? 그것은 역시 '평화주의는 중요하다'는 하나의 가치를 보여주고 있다고 생각합니다. 다만 그 정도로 중요한 다른 가치도 있습니다. 그것은 '국민의 생명과 안전을 어떻게 실효적으로 확보할 것인가'입니다. 이것은 애당초 정부가 왜 생겨났는가라는 국가의 존재 의의와 관련된 것입니다. 그리고 이러한 두 가지의 가치는 충돌하고 있습니다. 그렇게 생각하면 역시 '범위와 규모가 한정된 상비군', 즉 국민의 생명과 안전을 지키기 위해 필요한 최소한의 장비는 허용된다는 것, 이것이 입헌주의에 따른 9조의 해석이라고 봅니다.

스　생각으로는 이해가 갑니다만, 그렇다면 헌법이란 것은 조문이 거의 필요 없다고 할 수 있지 않겠습니까? 소위 통치기구에 대해서는 다소 상세히 명시할 필요가 있다고 해도 다양한 권리는 13조로부터 도출할 수 있고, 9조도 문언 그대로 해석하지 않아도 되니, 그렇게 되면 헌법을 문장화하는 것의 이점(利點)을 잘 알 수 없게 되는데요.

헌법 해석은 '예술'이다

하　이것은 개별 상황에 따라 각각의 조문의 성격을 어떻게 이해하는가의 문제라고 생각합니다. 헌법 9조도, 원래 총사령부안을 만들고 있던 점령군 총사령부(GHQ)의 민정국 간부가, '이것은 전문(前文)에 넣어야 할 문언'이라고 생각했을 정도니까 원리로서의 성격을 지닌다고 할 수 있습니다. 그리고 9조 2항을 보통 일본어로 그대로 이해한다면, 모든 형태의 상비군의 존치를 금지하고 있는 것처럼 보입니다. 저도 그것을 부정하지 않습니다. 다만 이 문제는 요컨대 법률 전문가는 도대체 왜 존재하는가에 대한 문제라고 봅니다. 헌법뿐 아니라 민법과 형법도 그렇습니다만, 예를 들어 이자제한법의 제한금리를 초과하여 이자를 지불한 경우에 반환청구를 인정하는 최고재판소의 판결이란 것은 그러한 지불도 변제로서는 유효하기 때문에 반환을 청구할 수 없다고 규정하는 법률의 조문에서는 도저히 나올 수 없는 결론입니다. 해석 조작의 결과 그것이 가능한 것입니다.

　법률의 조문을 그저 일본어로 그대로 읽고 이해해서 이야기가 끝나는 것이라면 법률 전문가는 필요하지 않습니다. 조문 그대로 이해하면 어려운 문제가 예상될 때나 당면한 문제에 적절한 답을 얻을 수 없을 때 처음 필요한 것이 해석이고, 해석이라는 것은 '예술'이므로, 이것은 잘한다 못한다는 차이는 있다고 생각하지만, '보통의 일본어로 이해한다면 이렇다'라는 것은 예술도 그 어떤 것도 아닙니다. 이렇게 이도저도 아닌 것은 해석이라고 말하지 않는 편이 좋지 않을까요?

스　그것이 핵심이라고 생각합니다. 종래 이른바 정부 해석이라는 형태로 내각법제국의 견해가 예를 들어 9조와 자위대의 존재와의 관계를 어떻게 조정할 것인가라는 난제를 나름대로 해결해 온 것입니다. 물론 헌법학자는 여러 가지의 해석을 제시했습니다. 내각법제국이란 말하자면 법률에 능통한 관료집단이지요. 그리고 헌법학자를 비롯한 법률가, 이들 법률 전문가 집단이 바로 해석의 차원에서 문제를 처리해 왔습니다만, 소위 개헌론이 9조를 둘러싸고 논의가 고조되어 궁극에 이르렀을 때는 민주적으로 선출되지 않은 전문가, 즉 의원이 아닌 내각법제국이나 헌법학자가 이 문제에 대한 해석권을 독점하는 것에 대한 반발이 있었습니다. 더 명확히 말하면, 요컨대 '법률 전문가 앞에 나서는 것이 마음에 안 든다', 군사적인 문제는 내셔널리즘(nationalism)과도 연결되지만, '전문가의 해석이 아니라 우리가 정했다'고 생각하고 싶다는 류의 욕망이 상당히 있는 것은 사실이라고 생각합니다. 이런 부분에 대해서는 어떻게 생각하십니까?

하　그러한 생각은 충분히 이해가 가지만, 이것은 헌법이니까요. 헌법이란 민주적 정치과정을 밖에서 제한하는 것이 원래의 역할입니다. 그 분야의 전문가가 있다면, 또 그 전문가가 민주적인 절차로 선출되어야 한다면, 이것은 헌법의 기능에 모순됩니다. 따라서 민주적인 정치과정과는 독립적으로 헌법 전문가가 누군가 있지 않으면 안 된다고 생각합니다.

그렇기 때문에 그 전문가가 '헌법은 이러한 제약을 두고 있다'라고 하면 화가 나는 것도 충분히 이해할 수 있지만, '헌법은 원래 그런 것이니 참아 주십시오'라고 대답할 수밖에 없습니다.

법률가 공동체 내부의 합의가 깨져 있다

스　전문가가 해석으로 어디까지 가능한가에 대한 것인데, 신학이나 법학 같은 해석학 계통의 학문은 차례로 행해지는 해석의 흐름이 장시간 이어져 왔다는 사실 그 자체에 정당화의 근거가 있다는 것이 일반적인 생각이 아닐까 싶습니다. 그런데 하세베 선생은 그러한 해석의 흐름의 외부로부터 논거를 가져 온 것처럼 보이기도 합니다. 5장에서 상세히 논하겠지만, 하세베 선생은 게임이론 등을 구사해서, '안보 문제에 대한 해답은 이것이다'라고 논증하고 있습니다. 그러나 그 해석이 9조에 대한 해석론으로 타당하다는 근거는 어디에 있을까요? 하세베 선생이 하는 것과 다른 계산을 일본 헌법이 하고 있을 가능성은 없습니까?

하 그렇지요. 그때그때 헌법을 해석하는 사람이 '객관적으로 보아 이것이 최적의 해석'이라고 생각하고, 그것에 비추어 봤을 때 일본 헌법 자체가 가지고 있는 해법이 잘못되었다고 본다면, 그런 일본 헌법 자체가 가지고 있는 해법은 대체 무엇일까요?

하나는, 기초자가 생각했던 해법일 수도 있는데, 기초자의 생각이 오늘날 헌법 해석의 정답을 정하는 것이 되지는 않는다고 생각합니다. 그리고 헌법의 문언을 일본어로 그대로 읽으면 '네가 해석한 것 같이 해석되지는 않는다'는 이야기는, 반복되는 말이지만, 반드시 글자 그대로 이해해야만 하는 것은 아니라는 사실이 어떠한 법률에도 해당한다는 이야기입니다. 결국 어떤 법률가가 '이것이 헌법이 말하는 올바른 해석'이라고 한다면, 그 법률가에게는 그 이외의 헌법에 관한 해법은 없다고 생각합니다. 물론 그것은 개인이 주관적으로 정답이라고 말하면 그걸로 끝나는 것이 아니라, 법률가 집단 전체에게 수용될 수 있는 잠재력이 없다면 곤란합니다. 헌법도 그렇지만, 법률학이란 공공적 성격을 가진 실천이기 때문이지요.

스 즉, 9조는 텍스트에 대한 '본래의 의미'라는 것은 상정할 수 없는 것으로, 예를 들어 하세베 선생의 주장이 시장에서 우위를 점하면, 그것이 바로

9조의 의미가 된다는 그런 것이지요?

하　우선 법률가가 하는 해석은 누구를 수취인으로 하고 있느냐 하면, 일단은 법률 전문가 집단이라고 생각합니다. 아까부터 '법률의 해석'이라는 말을 쓰고 있습니다만, 해석이 요구되는 것은 이런 경우지요. 여러 조문을 글자 그대로 이해하면 무언가 괴상한 결론이 되어 버린다든지, 이쪽 조항에서 말하는 것과 저쪽 조항에서 말하는 것이 모순된다든지 하는 경우지요. 요컨대 법률가 공동체 속에서 일치된 답이 나오지 않을 경우에 비로소 해석이라는 작업이 필요해집니다.

　그러한 해석은 도대체 무엇을 목표로 하고 있는가 하면, 각자가 자신들이 올바르다고 생각하는 것을 마음대로 말하는 것은 아닙니다. 지금은 법률가 공동체 내부의 합의가 깨져 있습니다. 이 깨진 상황을 어떻게든 바꿔서 법률가 공동체 안에서 의견의 일치를 회복하자는 것이 제가 의도하는 바입니다. 물론 제 '예술'이 몹시 서툴러서 '당신 예술에는 도저히 어울릴 수 없다'는 말을 듣게 되면 합의의 회복은 불가능하겠지만요.

9조를 전문가에게 맡기고 싶지 않다

스　하세베 선생께서는 방금 상당히 깊은 데까지 말씀해 주셨습니다. 헌법이란 규칙을 정하는 것이라 그 자체는 민주적으로 구성되지 않아도 괜찮고, 그것을 편리하게 이용할 수 있는 틀이 있다는 것이 중요하다고 강조하고 있습니다.

　그리고 나서 '틀은 전문가 주도라도 좋으니 일단 정착시켜서 그 범위 내에서 구체적인 정책을 민주적으로 결정해 달라'는 말씀이라고 생각됩니다. 군이 말하자면 9조가 계속해서 개헌론의 초점이 되어 왔다는 사실 그 자체가 9조는 전문가에게 맡길 사항은 아니라고 많은 사람들이 생각하고 있다는 것을 암시하고 있다고도 볼 수 있지 않을까요. 물론 그러한 판단 자체가 틀렸을 수도 있지만요.

예를 들어 민법학자가 이자제한법을 해석하고 그것으로 세상이 움직이고 있는 것에 대해, 혹시 대출업자가 화를 내고 있을지도 모르지만, 일반인들은 불만이 없을 것입니다. 이에 비해 헌법 9조의 경우에는 사람들의 반응이 분명히 다릅니다. 법률 전문가가 사회적으로 기능하는 것은 결국 사람들이 그것을 추인하는 한 별 문제가 없습니다. 헌법학자가 '우리에게 맡기라'고 해도 사람들이 '아니요, 별로 맡기고 싶지 않다'고 할 때 '그래도 맡겨야만 한다'고 하는 것은 월권행위가 되지 않을까요?

하 아니오, 거기까지 주장하는 것은 아닙니다. 물론 법률가가 해석한 결과 일정한 합의를 회복했을 때, 그 합의가 제대로 기능하기 위해서는 국민 일반으로부터의 지지가 반드시 필요하다고 생각합니다. 지지까지는 아니더라도 묵인은 필요하겠지요. 이자제한법에 관한 해석에 대해 알고 있는 시민이 얼마나 있을지 저는 잘 모르겠습니다만, 대부분의 사람들은 그다지 관심이 없지 않을까요.

그렇기 때문에 9조도 마찬가지로 그렇게 관심이 없는 상태가 지속된다면 '이것은 법률가에게 맡겨 두면 된다'는 얘기가 될 것이고, 반대로 일반인의 관심이 높아져서 9조에 관한 제 해석도 어느 정도 알려지게 되면, '뭔지는 잘 모르겠지만, 그런 생각도 있군'이라고 다들 생각하게 될지도 모릅니다.

스 여기서 잠시 아까부터 집착하고 있던 문제, 즉 하세베 선생의 공사(公私)이분론은 사람들이 가치관에 관련된 문제를 논의하는 것에 소극적이지는 않은가라는 맨 처음의 의문으로 이야기를 되돌리겠습니다.

　제가 강조한 것처럼, 개인의 자위권에서 출발하면 공동체의 존속과 개인의 자기방위가 대립할 경우, 개인의 관점이 전면에 부각됩니다. 반대로 공동체가 있어야 개인이 있다는 소위 공동체주의적(communitarian) 입장에서 보면, 공동체를 지키기 위해서는 개인은 자진해서 희생되어야 한다는 이야기가 되기 쉽지요. 최근 미국에서도, 그러한 사회방위론적 논의가 자주 등장했습니다. 따라서 '개인과 공동체의 어느 쪽이 우선하는가'는 결코 단순히 추상적인 논의가 아니라 우리 한 사람 한 사람에게 매우 구체적인 문제로 직결되는 것입니다.

　공공적인 토의공간(공론장)의 중요성을 주장하는 하버마스에 입각해 말한다면, 9조와 관련된 이러한 문제야말로 오히려 적극적으로 토의되어야 할 것입니다. 그런데 하세베 선생은 그러한 논의는 사적인 영역에서 해야 할 것이어서 그다지 논의되지 않는 편이 낫다고 생각하고 있지는 않습니까?

하 그것은 문제를 몇 가지로 구별해서 보아야 합니다. 9조에 관한 일반적인 논의는 '단순히 일본어로 된 조항을 보면 무엇을 말하고 있는가'의 문제로 어떻게든 수렴되기 십상입니다. 그래서는 좀처럼 문제의 본질에 다가설 수 없습니다.

이것은 일상의 정치 문제에 대해서도 마찬가지인데, 예를 들어 '우정민영화에 찬성합니까, 반대합니까'라는 질문을 받을 때, 비용대비효과를 충분히 따져 보기 전에 그냥 직감적으로 '우체국 직원들이 오만하니까 아무래도 민영화하는 편이 좋을 듯하다'는 정도의 이야기가 되기 쉽다고 저는 생각합니다.

9조의 문제는 한편으로는 장기적으로 국민의 생명과 재산의 안전에 관련된 모두의 관심사지만, 다른 한편으로는, 나중에 다시 언급하겠지만, 국가와 국가 사이의 대립과 협조관계는 궁극적으로 그 국가가 갖는 헌법 원리와 직결됩니다. 따라서 '헌법의 조문에 명시된 것을 일본어 그대로 어떻게 이해할 것인가'와 같이 별로 생각하지 않은 채 직감적 차원의 이야기와 연결 짓지 않는 편이 좋다고 저는 생각합니다.

그렇기 때문에 이것이 국민적인 논의를 불러일으킨다면 좀 더 깊이 생각해주길 바랍니다. '이 문제는 도대체 무엇과 관련되어 있어서, 이 조문을 바꾼다면 어떤 결과가 나올 것이고, 그 결과 일본의 안보는 전체적으로 향상될지, 그렇지 않을지'까지 모두 포함해서 논의해 주셨으면 합니다. 예를 들어 9조의 조문을 바꿀 경우 종래의 내각법제국을 중심으로 짜인 제약이 모조리 사라져 버리는 것은 아닐까? 그대로라면 조문을 바꿀 필요가 없고, 모조리 사라진다면 그것을 대체하는 제약은 어떻게 할 것인가? 법률로 정한다는 것만으로 그때그때의 정치적 다수파에 대한 제약이 되는가? 헌법상의 제약이 없어질 경우, 주변 국가나 동맹국과의 관계, 일본이 국제분쟁에 말려들 위험성, 새롭게 정통성을 얻은 자위대의 정치적 발언권이 늘어날 가능성 등은 어떻게 될 것인가?

그런 것들까지 포함해서 논의하는 것이라면 활발히 해야 한다고 봅니다. 다만 오늘날 일본의 정치과정을 볼 때, 과연 그러한 냉정한 논의를 하기에 적절한 환경이라고 할 수 있을까요. 아까도 언급했지만, 일본 민주주의의 위기상황을 본다면 저는 회의적이라고 말씀드릴 수밖에 없습니다.

인도적 개입을 어떻게 할 것인가?

스　여기서 잠시 다른 각도에서 논의해 보고자 합니다만, 9조를 둘러싸고 냉전 후에 새로이 떠오르는 문제로 국제주의와의 관계가 있습니다.

전에는 호헌론이 적어도 추상적으로는 국제평화를 지향했습니다. 개헌론은 이른바 국제정치의 현실주의 관점에서 주권국가 사이에는 투쟁이 정상적인 상태이므로 상비군을 보유하자고 말해 왔습니다. 그런데 1991년 걸프전쟁 즈음부터 개헌론 측이, 본심인지 아닌지는 차치하고, 국제주의를 전면에 내세우면서 이른바 인도적 개입 등을 논의하기 시작했습니다. 즉, 9조를 개정하여 국제적 분쟁 해결의 틀에 적극적으로 참가하고, '국제사회에서 명예로운 지위를 획득하자'라는 형태로 말입니다.

이것은 미국 등의 행동 변화와도 관련이 있지만, 그에 대해 호헌론은 제대로 반론하고 있을까요? 반론 방법으로 '개헌파는 진심으로 다른 나라 일을 생각하고 있는 것이 아니다'라는 상대의 동기에 대한 비판이 하나 있고, 다른 하나는 일종의 '일국평화주의로 무엇이 문제인가'와 같은 대답 방식이라고 생각합니다.

이러한 인도적 개입 문제를 어떻게 이해할 것인가에 대해서 하세베 선생은 다른 저서에서 해난(海難) 사고 당시 '생명구조대'의 예를 들어 '일부러 멀리까지 구조하러 갈 필요가 없다, 각각의 해안은 각각의 구조대가 지키는 것이 정상'이라고 주장한 적이 있습니다. 그렇다면 9조와 국제주의의 관계는 어떻게 되는 것입니까?

하 '국제주의'라고 해도 그 개념 안에도 상당히 넓은 의미가 있어서 한번에 다루기는 어렵습니다만, 예를 들어 파탄난 국가나 비인도적 정부가 존재하고 거기서 인도주의에 반하는 억압이나 행동 등이 있다면 그런 경우에는 인도적 입장에서의 개입이 필요하지 않겠는가라는 논의는 분명히 있습니다. 다만 인도적 개입은 반드시 전투부대를 파견하는 것으로 한정되는 것도 아니고, 파견이 필요하게 될 경우에도 그것을 파견하는 나라가 꼭 일본이어야 한다는 이유는 없겠지요.

이것은 국제주의적인 문제를 설정할 때마다 항상 문제가 되는 것인데, 어느 지역에 아주 어려운 사람들이 있을 경우, 그 사람들을 도울 의무가 특정국가에 생기는 일은 극히 드물다고 생각합니다. 그렇다면 일본이 만일 국제주의의 기치를 내건다고 할 때, 도대체 어떠한 경우에, 어떠한 규모의 부대를 보낼 준비가 되어 있는지를 정확히 매듭지은 다음에 그런 선언이나 공약을 하는 것이 현명하다고 생각합니다.

왜냐하면 현재 국제관계는 인도주의적 개입만이 문제가 되는 것은 아닙니다. 동아시아에서 볼 수 있듯이, 19세기 유럽과 같은 극히 고전적인 국가 간의 대립관계도 존재합니다. 중국, 미얀마, 북한처럼 자유민주주의적 의회제를 채택하지 않으면서 군사력을 강화하고 있는 나라들도 있습니다. 중국이 타이완을 흡수하려는 전쟁이 일어나면, 미국은 타이완을 지키기 위해 무력행사도 불사할 것입니다. 그것을 감안하면서 '우리는 국제주의적으로 어디까지나 나섭니다'라고 대외에 천명하는 것이 과연 일본의 안보를 향상시키는 것인지 어떤지, 이것은 상당히 냉정한 계산을 한 후가 아니라면, 경솔히 결정내릴 수 없다고 생각합니다.

9조로 세계는 평화로워지는가?

스   일찍이 호헌파 사람들은 9조는 세계적으로도 획기적인 생각으로 일본이 이것을 수호함으로써 널리 퍼져 세계 전체가 평화로워진다고 말했지요. 9조를 지킴으로써 뒤떨어지는 게 아니라 한 번에 역전할 수 있다는 식으로, 일본이 세계의 선두주자가 된다는 생각도 있었습니다.

지금은 반대로 개헌파가, 그만큼 극단적으로 말하지는 않더라도, 인도적 개입 등으로 국제적 분쟁을 해결해 나가면 세계는 평화로워진다고 합니다. 즉, 호헌파와 반대되는 방향에서 일본 헌법으로 세계 평화에 이바지하자고 말하고 있는 것입니다. 하세베 선생은 그런 야망은 가지지 않는 편이 좋다는 생각이신가요?

하   '야망'이라고 하면 안 될 수도 있지만, 너무 단순히 실현된다고 생각하지 않는 게 좋다고 생각합니다.

스   헌법에는 그다지 과도한 기대를 하지 않는 편이 좋다는 말씀인가요?

하   그렇지요.

스   그때그때 상황에 임기응변으로 대응할 수 있도록, 방위정책 같은 안보 문제는 약속을 하는 형태의 조문화는 하지 않는 편이 좋습니다. 헌법이 아닌 기본법이나 한 단계 낮은 형식의 법률로 만들어야 한다는 의견도 있습니다. 그것 역시 헌법으로 하는 편이 좋을까요?

하 '우리는 헌법상 집단적 자위권을 행사할 수 없도록 되어 있습니다. 따라서 외국 군대의 전투행동에 상응하는 활동에는 우리 자위대는 참여할 수 없습니다'라고 제약을 해두는 것으로 일본 정부는 다양한 상황에서 일일이 공약할 필요가 없어집니다. 이것은 헌법으로 규정해두지 않으면 좀처럼 그렇게 되지는 않을 것이라 생각합니다. 헌법으로 스스로를 제약함으로써 오히려 일본 정부로서는 활동의 자유가 넓어진다고 생각해야 한다고 봅니다.

9조는 제약으로 작동하는가?

스 그런 의견도 물론 있습니다만, 예를 들어 영국에서는 헌법상의 제약이 전혀 없습니다. 그렇다면 영국은 자유도가 낮은 것입니까?

하 역사적으로 관계가 매우 좋은 국가가 군사행동을 하게 될 경우에는 거절할 이유가 없지요.

스 거절할 이유는 없겠지만, 캐나다나 호주와 같이 미국과 관계가 깊은 국가의 행동양식을 보더라도, 9조가 없다고 해도 반드시 미국을 항상 추종하는 것은 아닙니다. 오히려 일본은 9조가 있어도 '미국의 애완동물'이라는 행동양식을 갖게 된 것인데, 조문의 유무가 그렇게 효과적인가에 대해 일반 사람들은 상당한 의문을 가지고 있는 것 같습니다.

저는 헌법 9조가 있었기 때문에 한편으로는 그것이 전후 일본의 외교 정책을 상대적으로 더 좋은 방향으로 진행되도록 만든 효과가 있었다는 점을 인정합니다. 그러나 다른 한편으로는, 헌법 9조의 존재 때문에 사람들이 안보나 전쟁, 그리고 외교 같은 문제에 대해 진지하게 생각하지 않게 된 면도 있다고 봅니다. 걸프전쟁 때 마침 영국에 있었습니다만, 조금 전에 말한 인도적 개입 여부 등의 문제를 영국인들은 상당히 진지하게 논의하고 있었습니다. 영국에는 헌법 9조가 없어서 '제약'은 아무것도 없었고, 따라서 모든 것을 의심해 볼 수 있었는데, 바로 그 점 때문에 이들은 진지하게 토론하고 전쟁 여부와 상관없이 어떤 논리를 발견할 수밖에 없습니다. 그런 긴장감이 전후 일본에는 결여되어 있었던 것이 아닐까요?

하　물론 평가는 엇갈린다고 봅니다만, 일본도 예를 들면 이라크에 자위대를 파견한 상태라고 해도 전투행동을 하는 부대를 보낸 것은 아니지요. 보급 활동을 하거나 학교를 수리하거나 도로를 보수하는 사람들이 파견되었습니다.

스　그것은 보내고 싶은 사람들에게는 제약입니다. 보낼 수도 있고 보내지 않을 수도 있다는 것이 선택의 폭이 가장 넓다는 것이지요.

하　양쪽 모두 가능할 경우 도로를 보수하거나 학교를 수리하는 사람만 보낸다는 선택은 저는 현실적으로 없을 거라고 생각합니다만.

스 파견 능력이 있다면 보내라는 말입니까? 물론 일본의 국회 등이 그러한 점에서 식견 있는 논의를 할 수 있을지는 심각한 문제입니다. 반면 자위대 창설 이래 9조 아래서 이라크에 자위대를 파견하는 데까지 변화해 왔다는 것은, 9조 해석의 범위 안에서라고는 하지만 그 범위가 상당히 넓은 것이지요.

하 그것도 역시 하나의 관점이지요.

스 물론 이것은 헌법전의 제약이 있었기 때문인지 아니면 사회당 같은 정치세력이 일정한 정도로 존재했고 자민당에도 실은 호헌파에 가까운 생각을 지닌 사람들이 상당수 있었다는 정치적 관계 때문인지 견해가 엇갈리지만, 사실 9조가 있어서 그 범위를 넓히는 데에 상당한 시간이 걸렸다는 점을 부정할 수 없겠지요.

군이 예상되는 반론을 내세우고 있는 것만으로도 저 역시 현재 일본의 정치 상황에서 9조에 손을 대서 지금보다 나은 방향으로 나아갈 것이라고는 생각하지 않습니다. 다만 9조라는 '제약'을 의도적으로 없앰으로써 사람들이 자신들의 안보에 대해 당사자의식을 가질 수밖에 없는 상황에 몰리고, 다시 진지하게 생각하지 않을 수 없게 되지 않을까요?

하 민주주의의 일반론으로 대답하겠습니다. 헌법으로 제약되어 있지 않는 이상 어떠한 문제라도 민주적인 정치과정을 통해서 국민적 논의를 불러일으킬 수 있습니다. 다만, 반복되지만, 현재 일본의 민주주의가 과연 그럴 만한 상황일까요?

혹은 결정권을 가짐으로써 비로소 당사자성이 생긴다거나 권력이 있다고 볼 수 있는가 하면, 저는 입헌주의는 그러한 입장에 서 있지 않다고 봅니다. 금융정책의 예에서 본 바와 같이, 민주적인 정치과정에서 결정할 수 있는 범위가 넓으면 넓을수록 효과적인 결정을 내릴 수 있는 것은 아닙니다. 그러한 발상은 입헌주의와 맞지 않는다고 생각합니다.

헌법 해석은 흔들리지 않는 편이 좋다

스 그렇군요. 그러면 조금 예민한 질문을 하겠습니다. 민주적 정치과정에서 독립한 결정기구가 있는 편이 좋다면, 메이지(明治)헌법이 천황과 군부라는 '독립기관'이 통수권을 가지도록 한 것은 합리적이었던 것인가요?

하 역대 천황이 만일 군사적인 문제에 대해 전문적인 지식과 유효한 판단력을 갖추었다는 전제가 있으면, 그러한 선택이 가능할지도 모르겠습니다.

스 그렇다면 지금 현실적으로 9조의 해석권을 독점하고 있는 내각법제국이나 재판관, 헌법학자는 군사적·전략적 판단을 하고 있습니까? 만일 전략적인 판단도 포함하여 해석하고 있다면, 대체 헌법학자는 군사 전문가도 아니면서 전략적 판단을 할 수 있는 것인가요?

하 방금 전의 질문은 천황에게 헌법 해석권을 부여한다는 것이 아니라

군의 통수권을 부여한다는 이야기지요?

스 네.

하 그렇다면 그것은 군사적 능력에 관한 이야기가 될 것 같습니다. 헌법의 해석은 군사적 능력과는 관계가 없겠지요.

스 그런데 그 해석의 밑바탕에는 예를 들어 동아시아 정세가 현재 어떻다거나 혹은 냉전 이후 시대를 어떻게 바라볼 것인가라는 것이 없이 해석이 가능할까요?

하 그것은 최종적으로는 국민의 생명과 재산을 어떻게 효과적으로 보전할 것인가의 문제이므로, 그러한 정세를 전혀 고려하지 않는 것은 있을 수 없는 일이겠지요.

스 할 수 없겠지요. 하세베 선생 이외의 헌법학자가 자주 논의해 온 것은 '북한이나 중국이 공격해 오는 일은 결코 없다'는 것입니다. 그 이유는 잘 모르겠지만, 여하튼 '절대로 공격해 오지 않으니까 자위대는 필요 없다'는 것이지요. 그런 주장을 헌법학자들이 주로 하고 있지 않았습니까.

하 그런 사람들도 있다고 저도 알고 있습니다. (웃음)

스 그들에게 물어보고 싶은 것은 '어떻게 당신은 중국과 북한의 정책결정에 대해 알고 있습니까'라는 것입니다. 게다가 지금 현재의 일뿐만 아니라 어느 정도 장래의 일도 함께 생각하지 않을 수 없고, 그러한 정치적 판단을 법률 전문가 집단이 수행하는 것이 정당화될 수 있는 것인지, 오히려 민주적으로 결정하는 편이 낫지 않은지? 물론 민주정치가 잘못된 결론에 도달하는 일도 여러 차례 있기는 하지만, 그래도 절차적으로는 정당했다는 '변명'은 가능하지 않겠습니까?

하 그런 경우 변명을 미리 궁리하는 게 얼마나 의미가 있을지는 모르겠으나, 예를 들어 민주적 정치과정의 범위를 한정하는 전형적인 예로서 재판소에 의한 위헌심사권이 있지요. 위헌심사권이 어찌하여 재판소에 귀속되어 있는가는 개별적 문제에 대해 재판소가 보다 고도의 지식과 판단력을 가지고 있기 때문이 아닙니다. 어디까지나 '민주적인 정치과정에서 무엇을 떼어내야 하는가'라는 문제에 대해 그들이 고도의 판단 능력을 가지고 있다는 것입니다.

안전보장 문제에 대해서도 마찬가지로, 민주적인 정치과정으로 결정하는 범위를 헌법으로 한정하는 것에 저는 의미가 있다고 봅니다. 원래 국회의원조차도 방위 문제에 관련된 대부분의 정보에 무지한 것이 보통이고, 정보가 한정되면 정확한 판단을 내리는 능력도 저하됩니다. 게다가 국가안보에 관련된 결정은 사람의 정서에 강하게 호소하는 경향이 있어서 냉정한 판단이 애당초 어렵지요. 그렇다고 해서 군사 전문가에게 맡기면 되는 것도 아닙니다. 그들이 정말로 국민 전체의 이익을 진지하게 감안할 것인가, 자기 조직의 최대화나 낙하산 인사의 확보에 집착하는 것은 아닌가 하는 우려도 있습니다. 더욱이 정말 합리적으로 방위 문제가 심의

된다고 해도, 각각의 국가가 합리적으로 행동하려고 한다면 모든 국가가 군비확장 경쟁에 휘말려 버리는 죄수의 딜레마도 기다리고 있습니다.

　주변국에 대한 선전 효과도 포함해서 생각하면, 헌법 해석은 그다지 흔들리지 않는 편이 좋다고 봅니다. 그때그때의 정세가 어떻든 간에, '그 때의 해석은 이러했지만, 지금은 다릅니다'라고 말할 수는 없습니다. 국회 가 개개의 안건을 결정하는 감각으로 헌법의 해석을 때마다 바꿔서는 안 될 것입니다.

스　예를 들면 미국이나 영국은 양당제라고 합니다만, 방위정책에 대해 서는 이견이 거의 없습니다. 실제로 상당히 중대한 결정에 대해서는 양당 이 의논하여 결정하는 관행이 있습니다. 그래서 정권이 교체되어도 급격 히 변하는 일은 없습니다. 좋고 나쁨을 떠나서 말이지요. 최근 자민당과 민주당 방위관계자는 오히려 당파의 차이를 초월해서 대하고 있습니 다. 이것도 반드시 바람직한 현상이라고 생각하지는 않지만, 정치과정에 서 결정하는 경우에도 어느 정도 정당 간의 합의를 도모해 간다면 그렇게 많이 흔들리지 않게 되지 않을까요?

하　정당 간 정책의 거리가 그다지 크지 않을 때는 그렇다고 생각합니다. 일본의 경우는 어느 정도 가까운지, 최근에는 상당히 가까워졌다고 생각 하지만요.

　다만 영국의 경우, 완전히 민주적인 정치과정만으로 방위정책을 결 정하고 있는 것은 아니지요. 법무장관(attorney general)을 정점으로 한 법무관료가 이것은 국제법상 혹은 국내법상 허용된다고 판단한 범위 내에서 군대를 움직이고 있기 때문에 헌법상의 제약이 없다고는 하더라도 영국의 군대도 법제상의 제약이 전혀 없는 것은 아니라는 것을 확인해 두는 편이 좋다고 봅니다.

2. 미일안보와 헌법의 관계

냉전 시기 일본은 서방진영의 일원으로 싸웠다

스　9조와 관련하여 미일안보 이야기를 해 보지요. 미일안보는 헌법론에서 언급하지 않고 넘어갈 수도 있고 또 실제로 그렇게 하는 사람들도 있지만, 본래는 9조와 함께 생각하지 않으면 안 되는 문제입니다. 특히 아까부터 하세베 선생도 지적하신 대로 9조에 관한 논의는 아무래도 국내적으로 어떻다는 것 이상으로, 외국에서 어떻게 보이는가의 문제도 발생하게 됩니다. 외국에서 볼 경우에는, 일본의 자위대보다도 미군기지가 더 중요하고, 일본 안보 문제의 상당 부분은 '안보를 어떻게 볼 것인가'의 문제이지요. 그리고 일본인 자신도 자위대를 만들고, 오늘날까지 계속 자위대가 성장해 온 가운데, 한 번도 자위대만으로 안보를 유지하려고 진심으로 생각해 본 적이 없다는 것입니다. 모든 것이 최종적으로는 미일안보의 존재를 전제하고 있습니다.

　　그때 우선 개헌파는 실제로는 지금까지 계속 미일안보에 의존해 왔고, 앞으로도 의존하려고 하는 이가 태반이지만, 그럼에도 '9조를 바꾸는 것으로 일본의 안보 문제를 생각한다'고 주장할 때만 안보를 잊고 있다고 할까, 구태여 언급하지 않습니다. 거기에 일종의 기만이 있습니다. 반면 호헌파는 호헌파로서 안보는 조약이기 때문에 상관이 없다고 하면서, '일본은 평화헌법을 가지고 있다'는 모종의 '환상' 같은 것을 계속 가져왔습니다. 외국에서 보면 '미군기지가 있지 않느냐', 그러나 국내적으로는 '평화헌법이다'라는 상태에 대해 물론 '유감스럽다'고 말해 오긴 했지만, 미일안보를 없앨 수 없었습니다. 그러한 경과를 감안해서 이것을 어떻게 이해하십니까?

하 이것은 요컨대 전쟁과 헌법과의 관계를 어떻게 볼 것인가의 문제입니다. 결국 안보조약은 동서냉전 체제하에서 미국이 일본을 의회제 민주주의국가의 진영 속에 편입시키기 위한 수단이었고, '일본은 지키겠다'고 동쪽 진영에 대해 선언하는, 일종의 공약을 한 것입니다.

일본으로서는 의회제 민주주의의 헌법원칙을 계속 유지하는 한 '안보조약을 체결하지 않는다'라는 선택지는 없었을 것입니다. 그런 의미에서 일본은 안보조약을 체결하고, 서쪽 진영의 일원으로서 냉전 시기에 싸웠다고 봅니다. 그래서 냉전기간 중에는 미일안보를 전제로 그 우산 속에서 안보를 향유해 온 것 자체는 일본 헌법이 입각하고 있는 입헌주의와 그것에 바탕을 둔 의회제 민주주의 정치체제에 어울리는 선택이었다고 생각합니다. 따라서 지구적 규모로 보면 '이제 냉전이 끝났다'고 할 수 있지만, 동아시아에서는 아직까지도 정치체제의 대립이 끝나지 않았기 때문에 일본이 선택할 수 있는 것도 자연히 한계가 있다고 봅니다만.

스 정치론으로서는 지금의 이야기를 잘 이해할 수 있습니다만, 그것은

헌법론인가요.(웃음)

하   이 점에 대해서는 헌법론과 정치론이 다를까요?

스   아닙니다. 다르지 않아도 되지만 그렇다면 9조의 해석을 둘러싸고 사람들이 여러 가지 계산을 할 때는 실제로는 9조만이 아니라 안보도 포함해서 계산하고 있는 것이지요.

하   당연히 그렇겠지요.

스   그것은 9조 해석인가요?

하   9조의 해석과 모순되지는 않는 것 같습니다. 9조는, 적어도 최고재판소의 해석에 따르면, 주일미군에 대해서는 아무것도 언급하고 있지 않습니다.

스   예를 들어 다른 조문도 일본이 맺고 있는 조약과의 관계에서 해석하는 것이 보통입니까?

하   헌법 자체를 미일안보조약에 근거해서 해석하고 있는 것이 아니라, 9조의 해석은 그것대로 있습니다. 최고재판소가 말하고 있는 것은 '스나가와 사건'의 판결(1959년)에서는 '9조에 근거하여 주일미군의 우산을 빌리지 않고 일본의 안보를 지킬 수 있는 것 보다, 우산을 빌리는 편이 훨씬 실효적으로 지킬 수 있지 않겠는가'라는 것입니다. 이것은 안보조약을 전제로 헌법을 해석하고 있는 것이 아니라 헌법 해석은 헌법 해석대로 있고, 그것과 별개로 미일안보조약도 있는 것이라고 생각합니다.

동맹관계는 헌법이 정한다

스 그런 경우에 확실히 헌법은 국법이기 때문일 텐데, 일본의 정치체제의 근간에 관련된 부분이 미일안보조약이라고 한다면, 그것은 이미 헌법(constitution)의 일부가 아닌지 물을 수 있지 않을까요?

하 그것은 헌법이라는 개념을 이해하는 방식에 달려 있다고 봅니다. 일본은 냉전하에서 서방 측의 일원이기를 선택했습니다. 저는 선택한 이상 역시 미일안보는 선택할 수밖에 없었다고 생각합니다.

스 그것은 하나의 생각인데, 어떻게 여쭤 보면 좋을까요? 즉, 하나의 생각으로서는 미일안보가 장래에 사라지는 일이 없다고 말할 수 없지만, 존속하는 한 일본 헌법의 해석론도 그리고 일본 헌법의 개정에 관한 논의도 미일안보라는 틀을 결국 전제로 두어야만 한다는 것입니까?

하 미일안보를 전제로 해서 생각한다기보다는, 이것은 최초 논의의 반복이 되겠지만, 국가와 국가가 대립하는가, 협조하는가는 각 국가의 헌법 원리가 무엇인가에 기본적으로 의존하고 있습니다. 일본은 의회제 민주주의국가이고 입헌주의에 근거한 자유민주주의국가입니다. 그런 이상 어느 국가와 동맹관계를 가지고, 또 어느 국가와 기본적으로 긴장된 외교 관계에 놓일까도 그런 헌법원리에서 비롯됩니다.

현재 동아시아에는 일본과 동일하다고 할 수는 없는 헌법원리를 가진 나라가 여럿 있으므로, 그러한 국제환경에서 계속해서 자유민주주의 국가로 존속하려면 기본적으로 어느 국가와 동맹을 맺고 또 맺지 않을 것인지도 저절로 정해지겠지요. 그런 것입니다.

헌법이 바뀌어서 전쟁이 끝나다

스 그런 경우, 아까부터 여쭤 보고 싶었습니다만, 헌법원리를 바꾸려면 어떻게 하는 것이 좋을까요.

하 헌법원리를 바꾼 경험은, 일본의 경우 태평양전쟁 때지요. 전쟁에 졌으니까요.

스 전쟁에 패한 것은 역사적으로는 헌법을 바꾸는 계기가 되었습니다만.

하 다시 말해 일본이 헌법원리를 바꾸는 것으로 비로소 태평양전쟁이 종결되었다고 생각합니다.

스 그렇다면 예를 들어 앞으로 일본이 자유민주주의라고는 볼 수 없는 체제, 말하자면 다소 상상하기 어렵지만 독재정치 같은 체제로 바꾸자고 모두가 생각한다면 그러한 헌법 개정이 가능하다는 것입니까, 아니면 그것은 개정의 한계를 넘어서게 되는 것인가요.

하 실현성은 어찌 되었든 간에 이론적으로는 가능하다고 봅니다. 최근의 예를 들어보면, 냉전이 종결될 때 동구권 국가들도 헌법원리가 바뀌었습니다. 동구권 국가들은 자발적으로 사회주의에서 자유민주주의로 바꾼 것이지요. 전쟁에 패했기 때문에 바꾼 것은 아닙니다. 다만 냉전이란 것이 결국 대량살상무기를 가지고 양쪽 진영이 대치하는 최악의 상황이었으므로, 냉혹하고 비참한 결말을 보지 않고 그런 대립상황을 끝내기 위해서는 어느 한쪽 진영이 스스로의 헌법원리를 바꾸는 식으로 종결시킬 수밖에 없었다고 생각합니다. 따라서 헌법원리가 바뀌거나 바뀌지 않는다는 문제는 국가 간의 대립상황 또는 동맹관계에 관한 문제를 배제하고는 그렇게 간단하게는 이야기할 수 없다고 생각합니다.

스 지금의 이야기를 단순화해보면, 헌법의 해석이나 헌법 개정은 헌법원리에 의해 틀 지워져 있고, 헌법원리는 더 나아가 국제적 헌법원리관의 대립 상황에 의해 규정되어 있다는 것인가요.

하 어느 정도 규정되어 있다고 봅니다.

헌법이 국제관계를 바꾼다?

스 종래의 호헌론도 물론 그렇고, 지금의 개헌론도 포함해서 요컨대 헌법이 모종의 힘을 가해 국제정세를 바꾼다, 헌법이 무언가를 바꾼다는 이야기인데, 하세베 선생의 말씀은 반대로 헌법은 대단히 종속적인 것으로, 말하자면 객체적이라는 뜻이지요. 헌법의 주체성은 어떻게 되는 것입니까?

하　그것은 태평양전쟁 이후의 일본 헌법의 역사적 경과는 그랬다고 봅니다. 다만 미국의 입장에서 보면, 근본적으로 헌법원리가 다른 국가가 존재하고 있고, 일본이나 예전 동구진영 국가들, 최근에는 아프가니스탄이나 이라크도 그렇지만, 이들 국가와의 대립관계를 종결짓기 위해서는 어떻게 하면 좋을지를 언제나 생각하면서, 경우에 따라서는 무력행사도 무릅쓸 정도로 행동해 왔습니다. 적어도 미국에게는 결과적으로 좋은 방향으로 상대방 진영이나 국가 나름의 헌법원리가 바뀌고 있기 때문에, 주체적으로 헌법을 바꾸어 나갈 일이 있을 수 있다고 생각합니다.

스　결국 국제사회의 헤게모니를 장악한 미국 같은 국가만이 다른 나라의 헌법원리를 바꿀 수 있다는 것이군요.

하　그때그때의 역사적 상황에 따라서는 그렇지요.

스　저도 아무런 제약 없이 헌법을 쓰면 된다는 입장에는 비판적이고, 미일안보 등과 분리해서 단지 헌법론만 전개하는 것으로 어떤 정합성이 있다는 이야기는 소용이 없다고 봅니다. 그러나 그 반면에 미일안보나 국가 간 동맹관계가 헌법원리관의 대립 속에서 여건으로 다루어지고 있다고 말씀하셨지만, 그 부분에 대해서는 어떨까요? 물론 그러한 측면이 있다고 보기는 하지만, 정치적인 관계에서는 역시 항상 양면성이 있습니다. 강자가 약자를 언제나 통제할 수 있는 것도 아니고, 반대로 명령받는 쪽이 교묘히 움직여서 자신들의 의사를 관철시키는 것도 가능성으로서는 존재합니다. 때문에 일본 헌법에 손을 대는 것으로 안보체제나 국제정세를 바꿀 수 있다고 하는 호헌파와 개헌파가 공통적으로 지니고 있던 지향성도 전혀 성립되지 않는다고는 단언할 수는 없지 않겠습니까?

하 국익을 어떻게 도모할 것인가에 대해서는 여러 가지 방안(initiative)이 있을 수 있다고 생각합니다. 다만 헌법원리의 선택 차원에서 현실적인 선택지로서 미일안보의 파기가 있을 수 있는가라는 점입니다.

개헌은 체제의 선택이다

스 헌법원리는 핵심이라 할 수 있는데, 예컨대 저는 북한의 헌법을 본 적이 없지만, 북한의 헌법을 보면 북한의 체제나 헌법원리가 거기에 나타나 있습니까?

하 이것은 헌법의 조문이 어떻게 되어 있는가와 직접적인 관계는 없다고 생각하는 편이 낫지 않을까요. 사회주의국가의 헌법이란 애당초 연성 헌법이기 때문에 헌법의 조문 자체를 보더라도 분명 상당히 좋은 것들이 쓰여 있으리라 생각합니다만, 그런 것보다는 그 사회가 대체 어떠한 원리에 근거해 성립되어 있는지를 살펴볼 필요가 있습니다. 예컨대 계급에 기초해서 사회의 동질성을 확보하려는 국가인지, 아니면 사회에는 다원적 가치관이나 이해가 존재한다는 것을 전제로 만들어진 국가인가 하는 것이 문제라고 봅니다.

일본도 물론 헌법을 바꿔서 계급을 기준으로 사회의 동질성을 달성하는 사회로 대폭 전환하는 것도 이론적으로는 가능하겠지요. 그러나 그렇게 해서 도대체 일본이 어떠한 국익을 취할 수 있을까를 생각하면, 확실하지는 않다고 생각합니다.

스 다만 예를 들면 방금 전전(戰前)의 일본과 미국이 근본적으로 다르다는 말씀이셨는데, 어느 정도는 겹치는 부분이 있는 것이죠. 전혀 다른 것은 아닙니다.

하 완전히 다른 것은 아니겠지요.

스 서구에서도 다양한 차이점이 있습니다. 예를 들면 프랑스와 독일이 미묘한 차이가 있듯이.

하 미묘하게는 다릅니다.

스 겹치는 부분이 없다고는 말할 수 없고, 그런 가운데 헌법원리가 다르면 양립하기 어렵다고 강조하셨습니다만, 겹치는 부분이 있다면 거기에 주목하면 파국적인 사태를 상정하지 않아도 공존할 수 있는 것 아닙니까?

하 전후의 프랑스와 독일은 분명히 동일한 헌법원리에 입각하고 있는 것입니다. 사회 내부에 다양한 가치관이 존재하고, 다양한 이해가 있다는 것을 전제로 해서 만들어진 자유민주주의국가이기 때문이지요. 다만 냉전하의 폴란드나 소련과, 독일이나 프랑스 사이에는, 물론 겹치는 부분이 있겠지만 그 거리가 좁힐 수 있는 정도인가가 문제겠지요.

스 그 부분은 어떨까요. 정치학적으로 보면 정치체제라는 개념과 상당히 가까운 것인데.

하 네, 정치체제라고 생각합니다.

스 헌법원리라고 말씀하셨지만, 정치체제라는 표현도 냉전기에는 대단히 강조되었다고 봅니다. 최근 아무도 말하지 않게 되었는데, 그것은 이슬람 등의 문제를 진지하게 생각하고 있지 않기 때문이라고 생각합니다만, 그런 것을 제대로 생각하는 사람이 줄어 버렸고, 오히려 하세베 선생이 아까부터 강조한 것은 소위 헌법 논의를 어떻게 시작할 것인가의 이전 단계로, 우리가 체제 선택과 같은 선택을 실은 몰래 하고 있다는 것이지요.

하 체제의 선택이 있다는 것을 전제로 해서 헌법에 대해 논의해야 한다고 봅니다.

스 전후 일본의 헌법학에 있어서도 모종의 체제 변경의 가능성, 즉, 하세베 선생이 말하는 소위 헌법원리의 변경을 시야에 넣고 논의했던 사람들도 있습니까?

하　계급을 기준으로 사회의 동질성을 달성할 수 있다고 생각하여 헌법을 논의한 사람들은 분명 있었다고 봅니다. 즉, 프롤레타리아 독재지요.

헌법원리의 차이는 넘어설 수 있는가?

스　헌법원리에 대해 일치를 본 후에 해석해야 한다는 것이라면, 아까 말씀하신 것과 같은 헌법학계의 합의 회복은 상당히 어렵지 않습니까? 다시 말해 거기에는 헌법원리가 다른 사람들이 공존하고 있으니까요.

하　말씀하신 대로 올바른 정치체제가 무엇인가에 대한 답이 서로 다른 헌법학자들 사이에서는 해석론의 결론만이 일치한다고 해도 별로 의미는 없다고 봅니다.

스　그렇다면 조정은 꽤나 어렵겠군요.

하　다만 이미 냉전이 종결되었으니까요.

스　일본에서도 끝난 상태입니까?

하　일본 헌법학자의 다수는 냉전에 대해서 그다지 당사자의식이 없었기 때문에, 그런 의미에서는 당사자의식이 없는 채로 지금도 논의하고 있는 분이 계실지도 모르지만, 결국 저절로 한계가 있다고 생각합니다.

스 다양한 가치의 공존을 도모한다고 하는 하세베 선생의 입헌주의하에서는 헌법원리가 다른 국가들이라도 공존할 수 있다는 가능성은 없는 것입니까?

하 전략적인 선택으로서는 냉전기의 동서 양 진영이 그렇게 해 왔다는 것이지요.

스 그랬던 것으로 생각이 됩니다. 그것만은 벗어나지 않았습니다. 그렇다면 예컨대 거기에 주목하면 헌법원리의 차이를 넘어설 수 있다는 것인가요?

하 다만 그것은 공존했다고는 하지만 역시 차가운 전쟁을 하고 있었던 것 아닐까요? 전쟁을 하는 것이 좋은 것인가 나쁜 것인가의 문제는 역시 남아 있다는 느낌이 들지만 말이지요.

3. 애국심과 안보

헌법애국주의

스 독일 등에서 헌법애국주의(constitutional patriotism)라는 것이 거

론되고 있습니다. 애국주의를 편협한 내셔널리즘(nationalism)과 결부시키는 것이 아니라, 당사자성을 의식하는 것으로 파악하고 사람들의 헌법이나 국가에 대한 적극적인 관여의 회로로서 생각하자는 새로운 조류(潮流)입니다. 일본에서도 그러한 말을 하는 사람이 있고, 종래의 호헌론도 결국은 그런 것이 아니었나 싶습니다. 그렇게 해서 다시 되살릴 수 있지 않은가, 히구치 요이치(樋口陽一) 선생도 "국가란? 사랑한다는 것이란?"이라는 주제로 잡지『세카이(世界)』(2006년 6월호)와의 인터뷰에서 언급하였는데, 하세베 선생은 어떻습니까?

하 애국심이라 하면 자주 거론되는 것이 '히노마루(日の丸)'(일본의 국기—역자주)의 문제입니다. 히노마루에 대해 경의를 표하면 애국심이 있고, 그렇지 않으면 애국심이 없다고 하는 것인데, 이것은 잘못된 이야기라고 생각합니다.

히노마루는 상징(symbol)에 지나지 않는 것이지요. 상징인 히노마루는 추상적인 존재인 국가를 표상하고 있는 것입니다. 저는 국가는 법인의 일종이라고 생각하고 있는데, 그 국가를 사랑하는 것은 결국 법인인 국가의 기초인 헌법원리를 사랑하는가의 여부라고 생각합니다.

현재 일본과 같은 자유민주주의국가의 경우, 국가의 기초인 기본원리는 입헌주의, 그것도 조금 전에 제가 설명한 것처럼, 다양한 가치관의 공평한 공존을 목적으로 하는 입헌주의입니다. 그런 입헌주의에 입각한 일본을 히노마루가 상징하고 있다는 논리가 되는 이상 '히노마루에 경의를 표하기 위해 반드시 기립하라'거나 '그에 대해 무언가 이론(異論)을 제기하면 용서할 수 없다'고 하는 것은 히노마루가 원래 표상하고 있는 헌법원리를 이해하지 못한 자의 말로, 모순된 태도라고 생각합니다.

네이션을 차단할 수 있는가?

스　예를 들어 미국인에게는 '독립선언'이 있고, 프랑스인에게는 '인권선언'이 있습니다. 그들 텍스트가 세계적으로 대표적인 공화국의 근거가 되고 있습니다. 미국의 경우는 영국의 지배로부터 해방되었고, 프랑스는 구체제를 허물었다고 하는 '우리'가 나타나 그것을 근거로 하고 있다고 많이 이야기되어 왔습니다.

　　미국에는 성조기, 프랑스에는 삼색기가 있지만, 실은 그것보다 정부의 설립문서가 통합의 근거로서 존재합니다. 일본의 경우는 전후 일본인들은 '일본 헌법이 상징이었다'고 이야기 하는 경우가 있었고, 그 이야기와 지금의 이야기는 서로 연결된다고 봅니다.

　　다만 다소 이해가 안 되는 것은 국가는 분명히 법인이라고 생각해도 문제가 없다고 보지만, 애국주의(patriotism)라고 할 경우 조국(patria) 내지는 네이션(nation, 국민)의 문제입니다. 국가와 네이션의 관계를 어떻게 파악할 것인가?

　　아까부터 국가를 법인에 비유해 설명하고 계시지만, 그런 꽤나 냉정한 인식으로는 사람들이 모여 전체가 운명을 같이 한다는 식의 어마어마한 이야기는 모조리 차단 당해 버릴 것처럼 보입니다. 그러나 실제로 국민국가의 역사는 법인으로서의 측면을 가지면서도 네이션으로서의 역사, 구체적인 사람들의 집합이 무엇을 해 왔는지의 역사, 바로 이것을 강조하면 내셔널리즘이 되는데, 그러한 측면을 가지고 있는 것 아닐까요? 내셔널리즘을 고양시키고 싶지는 않다고 하더라도 단순히 법인의 주주총회에서 옆에 앉은 사람과 네이션이라는 개념이 내포하는 의미는 다소 다르지 않은가? 많은 네이션은 전쟁에서 함께 싸우는 것을 통해 형성된 것입니다. 희생이나 기억 같은 매우 번거로운 문제와 연관되어 있습니다.

제가 '애국주의'라는 개념에서조차 약간의 위화감을 느끼는 것은 결국 거기에는 네이션의 추악한 면이 스며들 수 있는데, 그것을 분리할 수 있는가 하는 것이지요.

하 국민국가(nation-state)를 하나로 보는 견해가 주류가 되는 것은 아까부터 예로 들고 있는 프로이센이라고 생각합니다. 그때까지 각각의 지역사회에서 국가와 관계없이 살고 있던 사람들을 네이션으로서 독일인이라는 형태로 전면적으로 동원해서 고도의 훈련을 통해 규율화하여 싸운다는, 전쟁의 새로운 수행 양태를 만들어냈습니다. 그렇게 해서 독일이 전쟁에서 강해지니까 다른 국가들도 그것을 모방해서 국민국가의 관념이 확산되어 갔습니다. 다만 그것을 모체로 하여 만들어진 국가가 모두 동일했던 것은 아닙니다. 각각의 국민국가가 서로 다른 민주주의를 경험하고 있었으므로, 어떤 나라는 파시즘이 되고 어떤 나라는 공산주의가 되었습니다. 그리고 나머지 나라들은 입헌주의에 입각한 자유민주주의가 되었다고 생각합니다.

그래서 내셔널리즘의 위험한 요소와 무언가 결부될 것이 있다고 하면, 역시 사회의 이분자(異分子)를 배제해서 동질화를 도모하려고 한다는 것입니다. 원래 사회에는 다양한 형태의 사고방식이나 이해를 가진 사람들이 공존하고 있다는 전제에서 국가를 생각하는 한, 그렇게까지 곤란한 결과가 나오지는 않는다고 생각하지만 말이지요.

다수파의 행복을 위해 배제당하는 사람들

스　하지만 그렇게 낙관할 수 있을까요? 앞서 말한 안전론과의 관계로 말하자면, 소극적 안전(negative security), 예컨대 실제로 치안이 문제가 되면 종종 '위험한 사람들'로서 소수집단(minorities)이 지적되면서 '이런 생김새를 한 자는 위험'하다거나 '이런 말을 지껄이는 자는 위험'하다고 하면서 배제하라는 얘기가 나오기 마련입니다. 즉, 사람의 식별이 이루어집니다. 그렇기 때문에 소극적 안전은 일률적으로 강화되고 있는 것 같이 보여도 실제로는 대상이 선별되어 개별적으로 이루어진다고 생각합니다.

　　그리고 생존권과 같은 적극적 안전(positive security), 이것은 푸코의 말을 빌리자면 '생권력(生權力, bio-power)'이라는 문제와 관련되는데, 생권력이란 어떤 집단, 네이션이면 네이션 전체의 건강을 증진시켜 번창하도록 해서 국력을 높이는 것을 목적으로 합니다. 국가이성론에서 시작되어 프로이센의 복지국가론에 이르는 흐름이 있습니다. 인류 전체의 건강을 증진시킬 수 없기 때문에 어떤 집단에게만 먹을거리를 주고 어떤 집단에게만 약을 준다. 그러기 위해서는 자금이 필요하므로, 연금이나 사회복지를 받을 수 있는 조건을 엄격히 해서 배제시킨다는 것입니다.

　　게다가 전쟁과 생권력의 관계에 대해서는, 푸코의 말처럼 단순한 것인지는 모르나, 20세기에 전쟁이 일어난 하나의 큰 원인은 역시 국민의 행복추구라고 봅니다. 국민의 행복을 위해 자원이나 영토를 원해서 다른 국가와의 대립이 발생하는 것이니까요.

그리고 사람들이 왜 국가에 대해 중장기적으로 헌신(commitment)하냐 하면 실은 타자를 배제하거나 억압하고 국내에 있는 부적격의 사람들을 제거하는 것까지도 포함해서, 사회의 다수파인 사람들의 행복을 추구하는 메커니즘으로서 국가를 지지했다는 측면이 있다고 생각합니다. 그래서 애국심이 아무리 추상적으로는 헌법이라는 어떤 법적 문서에 대한 헌신(commitment)이라고 해도, 결국은 어떤 '집단'에 대한 것이 되지 않겠습니까?

하 물론 그러한 위험성은 있다고 봅니다. 복지국가가 되어서 국민의 복지나 행복을 가능한 한 격차가 없게 향상시키려 해도, 지금 말씀하신 대로 우대받는 자와 그렇지 않은 자 사이의 이해 대립은 당연히 생겨납니다.

거기서 이질적인 자를 배제하고 대립을 봉쇄해서 국민의 동질성을 확보하려는 정치체제인가, 아니면 이해의 대립은 어차피 없어지지 않겠지만 쟁점마다 다수파와 소수파가 달라지거나 정권교체를 통해서 장기적으로는 그다지 격차가 발생하지 않은 상태에서 국민의 복지를 향상시켜 나가고자 하는 다원성을 인정하는 정치체제인가의 차이가 된다고 생각합니다.

그래서 제가 '애국심이 괜찮지 않냐'고 하는 것은 어떤 애국심이라도 무방하다는 것이 아니라 현재 일본 헌법이 전제로 하고 있는 것은 다원성을 전제로 한 자유민주주의이기 때문에, 그것을 제대로 사랑하고 치안이나 복지 등을 이유로 들어서 무언가 이질적인 것을 배제하려고 생각하지 말아 달라는 메시지를 전달하고 있는 의도지만요.

스　거기에는 전적으로 동감합니다. 그러나 현실에는 배제가 일어나고 있고, 다양한 격차가 존재하고 있습니다. 명시적으로 배제하고 있지 않으니까 배제가 없다고 볼 것인가, 표면상으로는 법적으로 배제하지 않는다고 하면서 실제로는 배제하고 있기 때문에 훨씬 악질적인 것은 아닌가라는 부분이 다소 걱정됩니다. 저는 정치학 전공이므로 후자에 가깝게 생각합니다. 예컨대 외국인의 권리와 같은 것이 전형입니다. 겉으로는 평등이라고 하면서, 실질적으로는 배제하고 있는 것을 어떻게 생각하시는지요?

하　'그런 태도는 정말로 헌법을 사랑하고 있는 것이 아니니까 반성하세요'라는 것이 되지 않을까요?

도와줄 의무는 없다

스　아니요. 하지만 그 이야기와 아까 인도적 개입을 둘러싼 논의에서 나온 '외국에 대해 무언가 할 의무는 없다'는 말씀과는 모순되지 않습니까?

하　이것은 도덕에 관한 일반 이론의 이야기입니다. 곤란에 처한 사람이 어딘가에 있다, 그것을 돕는 게 선하다는 것은 모든 나라에 해당되는 일입니다. 그래서 도와줬다는 건 물론 좋은 일이지요. 도와주면 뭔가 선한 일을 한 것이 된다고 생각하지만, 그것은 모든 나라에 해당되는 이야기이기 때문에 어딘가 특정 국가에서 곤란에 처한 사람들을 도와주지 않으면 안 되는 의무가 생길 일은 없다는 그런 말입니다.

스 그것은 '의무'라는 말을 엄밀히 해석해보면 그렇게 되겠지만, 앞에서 나온 생명구조대의 예로 생각하면, 예를 들어 A해수욕장의 생명구조대와 B해수욕장의 생명구조대가 각 해수욕장별로 제대로 기능하고 있다면 좋겠지만, 그렇지 않은 경우는 어떻게 할 것인가? A해수욕장의 생명구조대가 이웃의 B해수욕장에서 물에 빠진 사람을 발견했을 때, 구해줄 의무는 없습니다. 그러나 B해수욕장에서 생명구조대가 제대로 기능하고 있지 않은 상태를 어떻게 해야 하지 않겠는가 정도의 문제가 되지는 않을까요?

하 이것은 '왜 국경이 존재하는가'라는 문제라고 생각합니다. 국경이 존재하는 이상 그 내부의 문제는 환경 보전이든, 자원 배분이든 그 나라 사람들이 확실히 관리하고, 인구 문제도 스스로 돌보는 것이 전제겠지요. 오늘날 국제사회는 국경을 단위로 하여 이루어져 있기 때문에, 그중에는 그러한 관리나 운영이 제대로 되지 못하는 나라도 있습니다. 그런 나라에 살고 있는 사람들의 생활이 몹시 비참해질 수도 있습니다. 생명구조대의 비유로 말하자면, 구조대가 제대로 기능하고 있지 않기 때문에 그 사람들은 다른 사람들이 '반드시 도와주어야 한다'고까지 말할 수 있습니다. 하지만 그렇다면 어떤 특정인이 또 다른 특정인을 도와주어야 할 것인가 하는 배분의 원리가 정립되어 있지 않습니다. 누구나 납득할 만한 결정 방식이 없습니다. 그렇게 되면 어떤 특정인에게 도와주어야 한다는 의무가 생기는 일도 아마 없을 것이라는 이야기입니다.

스   예컨대 국민을 억압한 칠레의 피노체트(A. Pinochet) 대통령을 스페인 당국의 요청으로 영국이 체포해서 유럽에서 재판한다는 이야기가 잠시 있었습니다. 세르비아의 밀로세비치(S. Milosevic) 대통령에 대해서는 국제법정에서 재판했지만, 이러한 방식은 생명구조대의 경계를 침범한, 즉 내정에 간섭하고 있는 것 아닙니까? 이것에 대해서는 어떻게 생각하십니까?

하   그래서 그러한 형태의 국제전범법정에서 재판할 의무가 어느 국가에 있었는가 하면, 없었던 것이지요.

스   그런 식으로 국제기관을 설립하는 것에 대해서는 어떻게 평가하십니까?

하   국제기관을 설립한 것은 아마 좋은 일이었다고 생각합니다만, 좋은 일을 할 의무가 어떤 특정한 국가에게 있었는가 하면 그렇지 않았습니다.

스   그것은 물론 이해합니다만, 이른바 국제주의적 논의는 그러한 것이 좋은 일이라면 더 많이 하자는 개념을 수반한다고 생각합니다만.

하   그것은 공리주의적인 논의에서도 아마 그럴 것이라 생각됩니다. '조금이라도 좋은 일이라면, 그렇게 해야 한다'라는 논의는 분명히 있을 수 있다고 봅니다만, 국가든 사람이든 '조금이라도 좋은 일이라면 계속 그렇게 해야 한다'는 원칙에 따라 살아가기란 좀 어려운 일이겠지요. 예를 들면, 오늘은 오랜만에 레스토랑에서 호화롭게 식사하려는 마음이 들었는데, 그때 문득 이 식사비를 기부하면 아프리카의 기아 난민 수십 명을 구제할 수 있을 것이라는 생각이 들어도, 그것 때문에 저녁을 빅맥(big Mac)으로 해결해야겠다고 결단내리기는 어렵습니다.

스 그렇군요. 그러나 안전 문제에 대해서 말하자면, 지금까지의 이야기들, 예컨대 치안 등의 소극적 안전도, 그리고 건강의 유지나 행복추구와 같은 적극적 안전도, 생명구조대 방식, 즉 국경으로 구별하여 분담하는 주권국가 방식으로 해 온 것은 적어도 북쪽(잘 사는 국가들)에 살고 있는 우리에게 이점이 있습니다. 다만 반대로 그 때문에 남쪽(못 사는 국가들)이 방치되어 온 점도 있다는 것이지요. 전체적으로 이러한 것을 어떻게 평가할 것인가? 주권국가와는 다른 선택지라고 할까, 대안적 질서의 가능성을 따져 보는 것은 헌법논의와는 별개의 문제입니까?

하 몇 가지 대체안은 있었다고 생각합니다만, 전형적인 것은 물론 세계국가를 만드는 것이었다고 봅니다. 세계국가는, 아시는 대로, 칸트도 부정적입니다. 그 이유는 '왜 국경이 존재하는가'라는 논의와도 관련됩니다. 어떤 정부가 관리할 수 있는 자원이나 인구에는 자연히 한계가 있습니다. 전 세계를 하나의 정부가 관리하는 것보다는 역시 지역별로 나누고, 생명구조대와 마찬가지지만, 각 지역별로 관리자인 정부를 두는 편이 지구 전체적으로 사람들의 행복을 실효적으로 향상시킬 수 있다는 그런 계산이라고 생각합니다. 따라서 그 점에 대해서는, 적어도 헌법학자를 포함해서, 세계국가를 만드는 것보다는 오늘날과 같이 여러 국가가 할거하는 상황이 전체적으로 인권보장이나 복지향상의 수준을 높일 수 있다는 결론이 나 있다고 생각합니다.

국민은 모른다?

스   원래는 훨씬 전에 논의했어야 했던 것인데, 안전(안보)과 자유의 관계에 대해서 얘기해 봅시다.

지금까지 일본의 지식인은 안전의 강화, 특히 치안주의의 고조나 배제와 같은 소극적 안전에 대해서는, 즉 경찰국가나 치안유지법, 혹은 파괴활동방지법에 대해서는 기본적으로 모두 반대할 것으로 전제하고 있었다고 봅니다. 국민들도 자신들의 자유를 확실히 지키려 들 것이므로 일반적으로는 반대할 것이고, 경찰이나 지배계급이 강요해 왔다는 입장이었던 것입니다. 지금도 그러한 사람은 상당수 존재합니다.

그러나 다른 한편, 저도 자주 감시카메라를 예로 들지만, 이렇게 많은 감시카메라가 있고, 게다가 반대론은 아주 약합니다. 일본뿐만 아니라 영국의 런던에는 실제로 엄청난 수의 감시카메라가 설치되어 있습니다만, 반대론은 미약합니다.

종래의 사고방식으로 보자면, 초상권 침해고 정치적 탄압 목적으로 사용될 수도 있습니다. 상업적 목적의 악용이나 공갈의 소재로 쓰일 수도 있기 때문에, 당연히 반대할 것이라는 결론이 날 법하지만, 그러나 실제로 사람들은 '감시카메라로 안전이 조금이라도 향상된다면 괜찮다'고 수용하는 것처럼 보입니다.

이것을 지식인들은 '국민은 모른다'고 말합니다. 저도 한편으로는 그렇게 생각합니다. 다시 말해 한편에서는 실제로 그것이 악용될 위험성을 다소 과소평가하고 있는 것은 아닌가라는 점을 제기할 필요가 있다고 보지만, 다른 한편으로 아마 동시에 자유와 안전이 배타적인 선택지(trade-off)로 주어지게 되면 사람들은 아마 종래의 지식인들이 전제로 했던 정도로는 자유를 택하지 않고 오히려 안전을 지향하는 것이 상당히 강하다는 것이 입증되지 않을까 생각합니다.

그렇게 생각하면, 민주적 통제를 확대하면 소극적 안전 지향의 폭주를 막을 수 있다는 전략은 재검토되어야 할 것 같다는 생각이 드는데, 이 점에 대해서는 어떻습니까?

자유보다 안전을 바라는 사람들

하 안전은 영국의 공리주의 철학자로 유명한 제러미 벤담(Jeremy Bentham, 1748~1832)이 강조한 가치지요. '사람들의 삶에서 가장 중요한 가치 중 하나가 안전'이라고 말합니다. 스기타 선생이 지적하신 대로, 보통 사람들이 안전과 자유를 놓고 저울질할 때 안전을 더 중시하는 것은 공리주의적 사고에서 본다면 사실은 자연스러운 반응이라고 생각합니다.

역시 안전이 확보되어 있으면 상당히 안심이 되고, 그것이 남용될 위험성은 다소 있지만, 그냥 길거리를 걷고 있는 사람에게는 자신의 초상권이 악용될 것이라고 생각할 여지는 그다지 없다고 봅니다. 따라서 개개인이 각각 자신의 효용을 계산한다면 안전을 보다 중시하는 것은 지극히 자연스러운 일이겠지요. 민주주의도 개개인의 효용함수에 따른 선호의 경중(輕重)을 등록하기 위한 시스템이므로, 그 집계방식에 따라서 안전을 보다 중시하는 정책이 나오는 것 또한 자연스러운 것인데, 이것을 '잘 모르고 있다'고 말할 수 있을까요? 적어도 전혀 이해 못할 이야기는 아니라고 생각합니다.

스 독일 출신의 정신분석학자 에리히 프롬(Erich Fromm, 1900~1980)의 주저로 『자유로부터의 도피』가 있습니다만, 자유로부터의 도피인지 안전지향이라고 해야 할지, 요컨대 자유롭다는 것 자체를 두려워하는 것이 아니라 자유롭다면 선택지가 너무 많아서 불안해진다는 것은 그 나름대로 이해가 갑니다. 그러나 프롬의 발견에 대해서는 모두들 납득은 하면서도 '그것은 특이한 사례'라고 봉인해 온 측면도 있습니다. 종래의 논의에서는 사람들이 이성화되어 계몽된 주체가 되면 자신의 자유도를 더욱 높이려 들 것이고, 자신의 책임으로 행동하고 싶을 것이므로, 강요되는 것은 기본적으로 억압이라고 생각할 것이라는 생각도 한편으로는 상당히 존재했습니다.

그런 가운데 하세베 선생은 '자유 지향'이 아니라 '안전 지향의 주체'에서 출발하여 그 공존을 도모한다는 입헌주의의 도식을 이끌어 낸 것입니다. 그 제기는 상당히 강력하다고 저는 생각하며, 사람들은 당연히 자유를 원하고 억압에는 반대한다는 종래의 전제에서 출발하는 논의와는 또다른 설득력을 지니고 있다고 봅니다. 하지만 한편으로는 하세베 선생의 그 논의가 자유민주주의의 기본적 틀 자체를 깨뜨리지 않는 범위에서 받아들여질 수 있을까요?

　그렇게 안전을 중시한다면 어째서 자유민주주의에 집착해야만 하는가와 같은 논의가 나올 수 있습니다. 프랑스의 정치사상가인 토크빌(Alexis de Tocqueville, 1805~1859)은 평등을 추구하는 민주주의 연장선상에서 '온화한 전제(專制)', 즉 개인의 자유는 존중하지 않으면서 정부가 가부장적으로 국민을 잘 보살피는 체제가 나타날 수 있다고 경종을 울렸습니다. 그런데 최근의 상황을 보고 있으면, 반드시 그렇지 않다고 단언할 수도 없습니다.

　더욱이 정치체제라는 개념 자체가 바뀌게 되어 모든 것이 기업과 개인 간의 계약이 되어서 안전도 경찰이 아닌 경비회사와 계약한다는 상황이 될 수도 있습니다. 다른 여러 가지 문제에 대해서도 따로 민주적 결정 따위는 전혀 필요치 않다, 전부 전문가에게 맡기면 될 테니 각각의 전문가에게 부탁하자……. 그런 식으로 자유민주주의조차 부정하는 듯한 궁극의 안전 지향이라고 할까, 일종의 '탈정치'라고 할까, 그렇게 되지는 않을지 저는 개인적으로 우려하고 있습니다.

　정치학을 전공하는 사람으로서 지금까지 전제되어 온 많은 것들이 대부분 무너질 것 같다는 위기감을 느낍니다. 사람들은 당연히 자유민주주의를 바라는 것일까? 정말로 사람들은 선거를 하고 싶은 것일까? 이렇게까지 투표율이 저조하다면, 역시 근본적인 의문을 제기해야 할지도 모릅니다. 일찍이 선거란 하면 할수록 좋은 것이고 모두가 기뻐할 것이라고 생각했습니다. 그러나 반드시 그렇다고 말할 수 없게 된 지금, 그런 위기감에 대해서는 어떤가요?

작은 정부와 민주주의

하 안전에 입각한 논의를 할 때에 그것이 자유민주주의와 이어지는 것인지 의문이라는 지적이군요. 저는 아마 이어진다고 봅니다. 왜냐하면 역시 사람들 간의 가치관, 세계관의 근원적인 대립은 남는다고 생각하기 때문입니다. 그렇게 생각한 이상 사람들은 남과 다른 자신의 가치관 또는 다수파와 다른 자신의 세계관을 따라 안전하게 살아갈 자유 역시 중요하다고 계속해서 생각할 것이라고 저는 보고 있습니다.

다른 한편 같은 자유민주주의에서도 공공재의 공급 범위는 확대되거나 축소될 것이라고 생각합니다. 특히 오늘날과 같은 냉전 이후, 전 국민을 전쟁에 동원할 필요가 없어진 상황에서는 지금까지 정부가 담당해 온 직무는 점점 민간으로 이관해서 '정부는 더 이상 여러분을 돌보지 않을 것이기 때문에 앞으로는 자기책임으로 스스로를 돌봐 주세요'라고 말하기 시작한 것이지요.

전쟁의 방법에 따라 정치체제가 근본적으로 영향을 받는다는 것은 텍사스대학의 필립 보비트(Philip Bobbitt, 1948~) 교수가 제시한 아이디어인데, 이 발상에서 보면 이러한 경향이 앞으로도 상당한 기간 동안 계속될 것이라고 볼 수 있으므로, 그런 의미에서 정부의 활동 범위는 종래와 비교하여 점점 축소되어 갈 것으로 생각됩니다. 물론 그렇다고는 해도 예전의 야경국가 방식보다는 훨씬 넓겠지만 말이지요. 그런 의미에서 우리가 알고 있는 자유민주주의의 모습은 그렇게까지 바뀌지는 않고 당분간 계속될 것이라고 생각합니다.

스 그렇군요. 아직 관성력이 있다는 말씀이군요.

하 네, 당장 무너지지는 않습니다.

스 그렇다면 앞에서 말한 헌법애국주의 같은 이야기는 관성력을 유지하는 하나의 교육적 수단이라고 생각합니까?

하 그렇다고 봅니다. 왜냐하면 정부의 활동 범위가 넓어졌을 때는 적대하는 진영과 대항하는 이상 넓히지 않을 수 없었지만, 좁혀갈 때는 좁힐 논리적 필요성이 없다, 좁히든 안 좁히든 상관없이 거기에는 여러 가지의 선택지가 있을 수 있다는 것을 의미합니다. 역시 이 세상에는 다양한 가치관을 가진 사람들, 풍족한 사람과 모자란 사람이 있어서 그런 사람들이 함께 공정하게 살아갈 수 있는 사회가 좋은 사회라고 교육하는 것은 종래 정부의 서비스 수준을 떨어뜨리지 않는 방향으로도 기능한다고 생각합니다.

질적으로 악화되고 있는 민주주의

스 방금 전 말씀에서 냉전 이후 전쟁 형태의 변화 등으로 국가가 국민을 동원하는 동기부여가 작아졌다는 점을 강조하셨지만, 한편으로는 국민이 그것을 요구하고 있는 측면도 있지 않습니까? 고이즈미 정치가 내세운 것은 종전과 같이 네이션 안에서의 균형 있는 발전, 즉 농촌에 자금을 지원하는 것을 그만둔다는 것이지요. 혹은 정부 부문을 축소하는 것, 그 상징으로서는 우정민영화가 있었고, 국립대학의 법인화도 그렇지만, 정부적인 것, 비경쟁적인 부문은 경제적이지 않다는 경쟁의 논리, 시장적 논리가 전면에 부각되었습니다. 2005년 9월 11일의 중의원 선거에서는 국민이 우정민영화에 신임을 보낸 것으로 되어 있습니다.

그런 가운데 이것은 다소 헌법론에서 상당히 벗어난 것이지만, 종래의 시스템이 '당분간 관성력으로 버틴다'는 수준에 머물지 않고 더욱 적극적으로 개정해서 그러한 헌법 질서를 적극적으로 선전하는 방법은 없을까요?

하 그것에 관해서는 이미 여러 방법이 시도되고 있겠지만, 반복해서 말씀드린 대로, 오늘날 민주주의의 질이 매우 나빠지고 있는 것은 아닌가라고 생각합니다. 매사를 깊이 생각하기에 앞서 유권자의 직감이나 느낌 등을 수시로 조사·집계하고, 어떻게 '여론'을 움직일 것인가에 정치 엘리트의 관심이 집중되고 있습니다. 그렇기 때문에 역시 그러한 것과는 다른 정치의 토의를 위한 회로가 필요합니다. 앞장에서 소개한 애커먼의 '심의의 공휴일' 이외에도 여러 가지가 있을 수 있겠지만, 어떻게 하든 유권자가 진지하게 논의할 수 있고, 그것이 정치 엘리트에게 반영되는 경로를 만들어야 한다고 생각합니다.

3장

헌법 해석은 누구의 것인가?

수상공선제와 대통령제

스   하세베 선생처럼 국가는 법인이고 헌법은 정관이라고 이해할 경우,
내각·의회·법원 등에 관해 규정한 이른바 통치 구조에 관한 조항은 헌법에
서 가장 중심적 부분이 될 텐데요. 미국의 연방헌법을 보면, 수정조항이
추가되기 전의 원래 문서는 실은 권리에 관한 규정도 거의 없이 통치 구조
에 관한 부분, 연방정부와 주정부의 관계나 권한에 관한 규정만이 있는
정말 '정관' 같은 문서처럼 보입니다. 다른 나라의 헌법에서도 그런 것이
있을 것입니다. '헌법 개정은 외국에서 자주 이루어진다'고 하지만, 그
경우의 개헌도 대부분 통치 구조에 관한 부분이 아닐까요?

  이미 말씀하셨듯이, 대통령의 임기나 의회의 임기를 바꾸는 것은
헌법 개정에서 적합한 일이고 제도적 문제이기 때문에 바꾸는 것이 극히
자연스러운 일이고 경우에 따라서 필요하게 됩니다. 그러나 일본의 헌법
에 대해서는 이상할 정도로 종래의 개헌론에서도 그 부분의 논의가 없었

다고 봅니다. 우선 이런 점에 대해 질문을 드리겠는데요, 종래의 헌법학에서도 통치 구조와 관련하여 현행 헌법의 부족한 부분을 바꾸는 것이 좋겠다는 이야기가 있었습니까?

하 내각, 국회, 법원 같은 통치 구조 조항에 큰 결함이 있다는 논의가 '헌법업계' 내부에서는 강하지 않았다고 생각합니다. 있다고 한다면, 오히려 외부로부터 수상공선론(首相公選論)을 주장하는 목소리가 있습니다.

이 주장에도 여러 변종(variety)이 있는데, 그중 하나가 의원내각제의 틀을 유지하는 가운데 수상을 유권자가 직접 뽑는 것이고, 다른 하나는 미국형 대통령제와 비슷하게 행정부와 입법부가 엄격히 분립되고 행정부의 장을 유권자가 직접 뽑는다는 것입니다. 이런 주장을 하는 사람들은 이를 통해서 일본의 민주주의를 강화할 수 있고 유권자도 좀 더 직접적으로 국정의 기본적 정책의 선택에 참여할 수 있다고 말합니다.

스 대통령제와 의원내각제란 중학교 이후 배워 온 분류인데, 예를 들면 영국은 극히 전형적 의원내각제라고 하지만 실제로는 수상이 강력한 리더십을 가지고 있습니다. 선거도 결국 블레어(T. Blair)를 선택하느냐 아니면 보수당의 누군가를 선택하느냐 하는 사실상의 수상공선제로 되어 있습니다. 그래서 의원내각제인가 대통령제인가 하는 이분법이 의심스럽다고 달(R. Dahl)도 말하지 않았습니까?

하 이것은 매우 재미있는 논점인데 물론 양자를 엄밀하게 구별하기는 어렵습니다. 전형적 의원내각제는 영국이고 전형적 대통령제는 미국이라고 누구나 믿어 의심하지 않지만, 도대체 어떻게 다르다는 것일까요.

자주 하는 말이 대통령제는 행정부의 장이 유권자에 의해 직접 뽑힌다는 것이지요. 그런데 미국 대통령제는 실은 간접선거지요. 그래도 실제로는 직접선거로서 기능하고 있다는 반론이 가능할 수 있지만, 그런 의미에서라면 영국에서도 양당제가 성립되어 있어서 총선거에서 수상은 사실상 유권자에 의해 직접 선출되기 때문에 미국과 별 차이가 없습니다.

또 다른 지표는 행정부가 입법부에게 정치적 책임을 질 것인가, 다시말해 의회의 판단으로 행정부가 붕괴될 일이 있는가 하는 것입니다. 이 점도 엄밀한 구별 기준이 될 수 있을지는 의문인데, 미국에서도 닉슨(R. Nixon)이나 클린턴(B. Clinton)에 대한 탄핵을 보면 통치 능력을 잃은 대통령을 그만두게 만드는 탄핵제도가 작동할 가능성이 충분히 있다고 할 수 있습니다. 다른 한편 영국 의원내각제의 역사를 되돌아보아도 영국의 정치책임제도는 형사책임, 탄핵제도가 발전해서 만들어진 것이므로 그런 점에서도 영국과 미국의 제도적 차이는 그다지 엄밀히 존재하는 것 같지는 않습니다.

대립형인가 조정형인가?

스 일본에서 수상공선제를 주장하는 사람들은 일본의 정치 현상에 대한 불만을 개선하기 위해 미국이나 프랑스처럼 대통령제로 하면 리더십이 강화되지 않겠냐고 말합니다. 그 경우 대통령제를 하면서도 잘 돌아가지 않는 국가에 대해서는 언급하지 않는다는 이중의 기준도 있는데, 어쨌든 제도를 바꾸는 것을 통해서 현상을 타파하려는 사람들이 정치학자나 저널리스트들 안에 있었습니다.

선거제도도 넓은 의미에서 헌법과 관련될 수 있는 것이지만, 선거제도에 손을 대서 일본을 양당제로 만들자, 그래서 유럽 같은 다당제, 비례대표제의 조정형 정치로부터 영·미와 같은 대립형 정치로 바꾸자는 논의가 1990년대에 성행했습니다.

저는 그런 움직임에 대해서 처음부터 회의적 견해를 가지고 있었습니다. 제도가 정치를 바꿀 수 있는지 의문이었습니다. 현재의 제도 속에서도 필요하다면 사람들이 대립형 정치를 할 수도 있고 조정형 정치를 할 수도 있다고 생각하는데, 헌법학자로서 어떻게 생각하시는지요.

스 그것은 헌법학계 내에서도 사람에 따라 의견이 다릅니다. 제도가 정치의 실체에 아무 영향도 미치지 않다고는 생각하기 어렵습니다만, 이런 제도상의 기능론은 엄밀히 말해 과학이 아닙니다. 실험을 해 볼 수 있는 것도 아니니까요. 다른 조건이 일정하다면 선거제도를 비례대표제에서 소선거구제로 바꾸면 어떤 영향이 발생할 개연성이 높다는 정도라고밖에 말할 수 없을 것입니다.

반대로 생각하면 헌법학계 안에서도 일본의 정치를 대결형으로 바꿔야 한다는 견해와 다양한 이해나 가치관 등을 공정하게 대표해서 조정해야 한다는 견해가 공존하는데, 각 견해가 바람직한 선거제도나 제도의 구성 방식에 대해서도 다른 방향으로 향했던 것은 사실이라고 생각합니다.

신생국에게 추천할 만한 일본형 의원내각제

스 그와 관련하여 국회의 최고기관성에 대해서 생각해 보고 싶은데요.

예를 들면 정치학자 마쓰시타 게이이치(松下圭一) 선생은 존 로크의 논의에 의거해서 일본 헌법에서 국회의 최고기관성을 다분히 글자 그대로의 의미로 이해했습니다. 그러나 헌법학은 그것을 '정치적 미칭(美稱)'으로 받아들여 실제로는 행정부를 중심으로 하는 통치권을 생각해 왔습니다. 그것을 마쓰시타 선생은 관치형, 관료지배형 시스템이라고 비판하면서 국회를 통해 주권자의 목소리가 정치를 움직이기 위해서는 41조를 보다 더 실질화해야 한다는 견해를 제시하여 정치학, 특히 행정학자를 중심으로 헤게모니를 형성해 나갔는데요. 내각과 국회의 관계에서 국회가 우선이라는 주장에 대해서는 어떻게 생각하시는지요.

하 존 로크가 왜 국회의 권위와 우월을 주장했는지를 이해하기 위해서는 먼저 그가 살았던 시대적 배경을 검토해야 합니다. 당시는 우리가 생각하는 것과 같은 민주주의가 확립되지 않았고, 명예혁명 이전에는 의회와 정부가 심각하게 대립하고 있었습니다. 그런 상황에서 의회의 권위 내지 권한을 강화하자고 주장했던 것이 과연 오늘날의 민주제 상황에 그대로 적용될 수 있는가가 우선 문제입니다.

그 힌트가 되는 것은 애커먼이 최근 제시한 '새로운 권력분립'이라는 개념입니다. 그는 냉전 이후 새롭게 자유민주주의의 틀을 채택한 국가들에서 어떤 정치체제가 적합한가에 대한 문제의식에서 출발하여 이론을 정립하고 있는데, 미국형의 입법부과 행정부가 분립하고 있는 체제는 실은 이런 신생국에게 적합하지 않다고 주장하고 있습니다. 입법부과 행정부를 서로 다른 당파가 장악하면 국정이 정체되고 그것을 타파하기 위해 쿠데타의 위험성이 높아진다는 것은 남미 국가들을 보면 분명합니다.

다른 한편, 입법부와 행정부를 동일한 당파가 장악하게 되면 권력에 대한 제약이 작동하기가 어려워집니다. 극단적인 예가 영국입니다.

오히려 신생 민주국가에게 적합하다고 그가 말하는 것은 2차 대전 이후 독일이나 일본이 도입한 위헌입법심사제 같은 각종 제약 장치가 구비된 의원내각제입니다. 제약 장치의 예로서 다른 기관으로부터 독립한 중앙은행이라든지, 그리고 복지국가론자이기도 한 애커먼은 소득재분배에 대해서도 독립적 부문을 만들어야 한다고 말하고 있습니다. 이런 주장은 의회대표제에서 유권자의 의사야말로 지배적이어야 한다는 로크류의 견해와는 그 흐름이 약간 다르다고 생각합니다.

스 권력분립에 관해서는 중, 고등학교에서 몽테스키외(Montesquieu, 1689~1755)의 이름이 등장하면서 '권력분립은 견제와 균형이다'라고 배웠는데, 그것이 몽테스키외의 해석으로서 좋을지 모르겠지만 어쨌든 지금의 애커먼의 이야기는 일본에서 알려져 있는 삼권분립의 견제와 균형론을 재평가한다는 것입니까?

하 그런 논의와 연결될 가능성은 있습니다. 냉전이 끝나고 미국이 세계 유일한 초강대국이 되어 신생 민주주의국가는 모두 미국을 따라야 한다는 의견이 미국에서 상당히 강했는데, 애커먼은 이에 대해 약간 유보적이란 말이지요. 적어도 앞으로 자유민주주의를 세우려고 하는 사회에게는 좀 더 다양한 측면을 배려하여 통치 구조를 설계하는 것이 좋지 않을까 하는 제안이라고 봅니다.

스 마쓰시타 선생이 제기한 국회중심주의가 일본에서 나름대로 지지를 얻은 배경에는 이런 게 있지 않을까요? 일본은 관료기구가 통치 기술 (skill)도 뛰어나는 등 여러 가지 의미에서 힘이 센 반면 의회는 매우 약합니다. 따라서 관료에 대항하기 위해서 먼저 의회에 힘을 실어주자는 것이 아니었나 싶은데요. 하세베 선생이 보시기에 이대로 방치해 두면 내각과 관료제가 너무 강력해져서 제약이 작동하지 않게 되는 일은 없을까요?

하 그것은 상당히 어려운 문제입니다. 의원내각제하에서는 관료제에 뒷받침되고 있는 내각이나 정권이 의회의 의향을 전혀 무시하거나 별로 감안하지 않은 채 정책을 입안하거나 집행하기 어렵습니다. 헌법이 규정하고 있는 준칙, 정치 운영의 기본원칙이 그런 것이 가능하지 않은 상황을 보장하고 있다고 여겨집니다만, 스기타 선생이 말씀하신 내각과 관료의 우위는 그것과는 별도로 법 제도와는 다른 차원의 이야기가 아닐까요. 능력이 있는 사람이 좀처럼 정계로 충원되지 않고 있습니다. 결국 국회의원이 정책 입안 능력이 없어서 할 수 없이 관료기구에 의존할 수밖에 없게 된 것 아닐까요?

법원의 위헌판결이 적은 이유

스 제도만으로는 해결되지 않는다, 정치 문화나 관습을 포함하여 무엇을 할 수 있는가라는 것이지요. 사법에 대해서는 어떻습니까? 배심원 제도의 도입이 화제가 되고 있습니다만, 일본에서는 사법이 위헌입법심사제라는 형식으로 입법부에 대한 감시기능도 지니고 있습니다. 그러나 그

점에서 법원이 제대로 역할을 수행해 온 것인지, 만약 그렇지 않다면 그것은 제도적 문제인지, 법관의 마음가짐의 문제인지.

하　비교제도적으로 볼 때 일본의 위헌입법심사제가 그다지 활발한 활동을 하고 있지 않다는 것은 지적하시는 대로인데요. 법령에 대해 위헌판단을 내린 건수가 극히 작습니다. 다만 이것은 여러 가지 요인을 생각해봐야 할 문제인데, 전에도 말씀드렸습니다만, 일본에는 내각법제국이 있어서 적어도 정부가 제출하는 법안에 대해서는 헌법위반 여부를 사전에 면밀히 검토합니다. 일본은 의원내각제를 채택하고 있기 때문에 성립되는 법안의 대부분이 정부에서 제출한 법안인 경우가 많고, 따라서 법원이 위헌이라고 판단할 법률은 거의 없습니다. 지금까지 위헌판단이 나온 것은 현행 헌법이 성립되기 이전에 만들어진 법률이나 의원입법으로 만들어진 법률들인데, 전자는 형법의 존속살인에 관한 규정, 삼림법의 공유림 분할에 관한 규정, 후자는 약사법의 약국의 시장참여 규제에 관한 규정이 전형적 예인데, 이런 것들은 모두 제도의 문제와 관련되어 있다고 할수 있습니다.

스　내각법제국에 의한 사전 검토에 대해서도 마쓰시타 선생은 그것으로 인해 입법 활동이 위축된다고 주장했습니다. 마쓰시타 선생 등이 국회중심주의 입장에서 내각법제국 비판을 펼쳤는데, 아이러니하게도 최근 자민당이 내놓은 안 등에서도 내각법제국을 없애라고 주장하기 시작한것입니다. 양자는 정치적 의견이 상당히 다르지만, 내각법제국에 의한사전 검토가 실은 상당히 가치적 판단을 포함하고 있는 것이 아닌가 하는 점에 대한 비판이라는 점에서는 공통적입니다. 예를 들면 9조에 관해서는 내각법제국의 견해가 공식적 해석으로 되어 있습니다만, 우리에게 매우 중요한 가치와 관련된 문제를 법률 관료가 결정하는 것에 대한 반발이 여러 형태로 나오고 있습니다. 오히려 입법은 좀 더 자유롭게 하고, 문제가 있으면 사후심사로 유연하게 대응하는 방식은 안 되는 것일까요?

하 아이디어로서는 이해가 갑니다만, 의원내각제하에서 내각으로서 법안을 제출하는 이상 현행 법체계와 모순되거나 정합성이 없는 법률을 책임 있게 제출하기 어렵다는 것은 저로서는 이해할 수 있는 태도입니다. 그다지 수미일관되지 않은 법률이라도 일단 세상에 내놓고 불합리한 점이 있으면 법원에서 판단하면 된다는 견해가 있을 수는 있지만, 최고재판소에서 해석이 확정될 때까지 계속해서 생겨나는 법 제도가 어떤 답을 줄지 모른다는 것은 법의 지배라는 관점에서도 문제입니다. 법률은 일반 시민이 예측할 수 있는 것이어야 합니다. 그런 의미에서 내각법제국이 수행하는 역할을 너무 과소평가하지 말아야 한다고 생각합니다.

내각법제국이 방해를 한다?

스 내각법제국이 사전 검토를 할 때 의거하는 것이 좁은 의미에서의 헌법전(憲法典)뿐만 아니라 상당히 넓은 의미에서의 헌법이라면, 단순히 문서상의 정합성뿐만 아니라 하세베 선생이 말하는 헌법원리, 정치체제에 비추어 이 법률은 문제가 없는가에 대해서 판단해야 할 경우가 있지 않습니까? 특히 안보(security)는 중대한 판단을 수반하는 문제인데, 그런 논점에 대해서 법률 전문가의 해석으로서 하나의 올바른 해석이라는 것을 낼 수 있는 것인가요? 아니면 그런 문제는 과감히 민주적 토론을 거쳐 국회의 자율성을 인정하고 국회가 합헌이라고 판단한다면 일단 법으로 만들어서, 물론 법원에 의한 사후적 심사는 있겠지만 사전 검토는 오히려 자제해야 하지 않을까 하는 견해도 있을 텐데요.

하 법의 지배라는 관점에 대해서는 앞서 말씀드렸습니다만, 또 하나 헌법 조문에는 원리와 준칙이란 두 종류가 있다는 관점에서 본다면 '내각 법제국이 입법 활동에 방해가 된다'고 할 때 문제가 되는 것은 법제국이 원리로서 이해해야 할 헌법의 조문을 준칙으로 이해하는 경향이 있지 않나 하는 점이라고 생각합니다.

예를 들면 최근의 예로서 프로바이더(provider)책임제한법은 인터넷의 프로바이더가 권리를 침해당했다고 하는 사람들에 대해서 발신자 정보를 알려 주는 제도를 마련했는데 법안이 제출될 당시 처음에는 내각 법제국을 중심으로 '통신의 비밀을 침해하는 것이 아닌가'라는 상당히 강력한 반론이 있었습니다.

다른 예는 법 개정으로 재판의 공개를 제한하는 규정이 만들어졌을 때입니다. 지적 재산이나 인사 소송의 문제에서 비공개로 심문을 하는 것이 진실을 밝히는 데 적합한 증언을 얻을 수 있다, 그러기 위해서는 법 개정이 필요하다고 할 때, '재판의 공개를 규정한 헌법의 규정에 위반하는 것이 아닌가'라는 의문이 제기되었습니다. 이에 대해서는 '그 규정은 준칙이 아니라 원리를 정한 것이기에 대립하는 가치와의 균형을 이룬 후에 새로 선을 그어야 할 필요가 있는 것이 아닌가'라는 주장이 새로운 제도를 만드는 쪽에서 나왔습니다.

그러나 내각법제국이 헌법 해석을 한다고 해도 그들만이 밀실에서 하고 있다는 의미는 아닙니다. 법제심의회, 각 성청(省廳) 연구회, 심의회의 전문가, 또는 시민단체 대표들과의 논의를 거쳐 사회의 광범위한 논의에 대응하면서 해석을 정리한다는 의미이며, 여론의 동향도 보고 있습니다. 방해가 되니까 화가 난다는 사람도 있을 수 있지만, 외부의 의견을 들어보려고 하지 않는 경직된 기구는 아니라고 생각합니다.

연방제 논의는 왜 활발해지지 않는가?

스　얘기를 좀 돌리겠습니다. 미국의 연방헌법에는 연방과 주의 관계를 규정하는 조문이 많습니다. 독일 등의 헌법도 그렇다고 생각합니다만, 일본의 경우에는 중앙정부와 지방자치체의 관계에 대해서 현행 헌법도 그렇게 많은 규정을 두고 있지 않고, 이른바 헌법 개정론에서도 그런 논의가 별로 없습니다. 예를 들면 일본을 연방제로 하면 어떨까 하는 식의 논의는 매우 약하다는 것입니다. 소수자의 권리에 관해서 캐나다나 호주 등의 경우, 원주민에게 특별한 헌법상의 권리를 인정한다는 상황이 되어 가고 있습니다. 일본의 경우, 소수자의 존재 형태가 동일하지 않기 때문에 곧바로 똑같이 생각할 수는 없다고 해도 시민권의 존재 형태라든가 다양한 정치적 단위들 간의 중층적 관계 등에 대한 의식이 헌법을 논할 때 거의 없는 것처럼 보이는데요.

하　그렇습니다. 헌법학 내에 여러 가지 논의들이 있습니다. 일본의 경우도, 아이누라든지 오키나와에 관하여 그러한 이질적 문화를 자율적으로 지닌 사람들을 집단으로서 볼 여지가 있지 않나 하는 논의는 있습니다. 다만 그런 논의가 사회 전체적으로 활발히 진행되고 있지 않다는 것은 지적하신 대로입니다.

입헌주의라는 프로젝트를 성공시키기 위해서는 무엇을 목표로 해야 하는가는, 다양한 삶의 방식이나 생각을 지닌 사람들이 공평하게 공존할 수 있는 사회의 틀을 어떻게 구축할 것인가 하는 이야기와 같습니다. 그처럼 동일한 사회 틀로는 그러한 공존이 도저히 어렵다고 할 때 비로소 연방제 등 특정한 자율적 문화를 지닌 사람들에게 특별한 권리를 부여하는 절차를 생각해야 할 터인데, 그것은 차선의 수단이라고 저는 생각합니다. 다소라도 불만을 가진 사람들이 연방제나 독립을 말하기 시작하면 수습이 안 될 것입니다.

스 일본에서는 종래 네이션으로서의 통합을 나름대로 이루어 왔기에 그것으로 되지 않았느냐는 것인가요? 외국인의 권리의 문제는 별도로 논의했습니다만, 네이션의 범위 안에서는 동질성이 비교적으로 강조되고 국가적 기준(national standard)이 강조되어 왔다는 의미인데, 헌법도 거기에 맞추어 지역적 독자성에 대해서는 별로 고려하지 않았지만 그 자체로도 별 문제가 없었다는 것입니까?

하 제가 생각하는 것은 오히려 반대가 아닌가 싶습니다. 스기타 선생 말씀대로 일본 사회에서는 동질성이 강조되기 쉽지만 저 자신은 일본 사회를 다양한 사고방식과 생활방식을 지닌 사람들의 집단이라고 봅니다.

다양한 삶의 방식과 생각을 지닌 사람들이 공평하게 공존할 수 있는 사회를 어떻게 만들 것인가가 가장 먼저 당면한 과제인데, 역시 일본이라는 하나의 단위로서 그 가능성에 부딪혀야 한다는 생각입니다.

만약 그것이 대단히 어렵다, 예를 들면 특정한 지역에 다른 지역과는 상당히 다른 문화를 지닌 사람들이 모여서 살고 있고 반드시 특별한 처우가 필요한 현실이 나타날 경우, 그때 비로소 차선의 수단으로서 어떤 특별한 권리를 그 사람들에게만 부여하자는 얘기입니다.

스 왠지 저를 포함한 일부 사람들은 연방제 같은 것에 동경을 가지고 있습니다. 일본의 보통 사람들은 매우 주권론적 틀 속에 살고 있고 국가의 결정이 최종적이며 지방자치체가 뭐라 해도 최종적으로는 국가의 결정에 따릅니다. 그런 국가 차원의 주권론적 틀은 고정되어 있습니다.

반면 예를 들어 미국에서는 주와 연방은 각각 다른 정치적 단위고 사형제도 같은 중요한 사항도 주별로 정해집니다. 그런 경험을 하고 살면 내셔널한 정치에 대해 어느 정도 거리를 유지하게 되지 않을까요? 유럽에서도 국내의 정치적 긴장에 더해서 유럽연합(EU)도 존재한다면 주권적인 생각의 틀을 상대화하는 사고훈련을 하기가 쉽겠지요.

이에 비해 일본의 경우 아시아 공동체는 상상의 범위를 벗어나지 못하고 있고 국내적으로도 연방제와 같은 것이 없다보니 세계에서도 예외적일 정도로 '내셔널한 정치적 단위밖에 없다'는 사고방식에 사람들이 고착되어 있다는 것이 우려됩니다.

하 일본 사람들이 처한 사실상의 상황에서는 국가주권을 넘어서기 어렵다는 점은 말씀하신 대로지만, 상황 자체는 바로 현실이기에 그것은 바꾸려고 해도 좀처럼 어렵다고 봅니다. 동아시아 공동체라고 해도 전후의 유럽이 보여준 것과 같은 문화적, 경제적, 정치적 일체성이 있는 것은 아닙니다. 그렇다면 지금 일본 사람에게 남은 것은 주권이라고 해도 결국은 만들어진 것에 불과하므로, 최종적으로는 사회의 구성원들에게 어떤 서비스를 제공할 수 있는가 하는 관점에서 인위적으로 만든 약속에 불과하다는 식으로 주권의 틀에 대해서 근본적으로 재검토해서 주권론에 전면적으로 포박당하지 않도록 사고할 수밖에 없는 것 아닌가? 이것은 이것대로 도전적인 얘기고, 오히려 주권을 넘어서는 것이 당연하다고 생각하는 지역에 사는 사람들보다는 좋은 조건이라고 말할 수 있지 않을까요?

이해하기 어려운 헌법재판소 대망(待望)론

스　마지막으로 헌법재판소에 대해서 물어 보겠습니다. 앞에서 위헌입법심사제가 그다지 활발히 작동하지 않는다는 이야기를 나누었습니다. 그런 경향에 대한 반발인지, 혹은 그냥 외국에서 존재해서 그런지 이유는 잘 모르겠습니다만, 헌법재판소를 설치하자는 논의가 있는데 거기에 대해서는 어떻게 생각하시는지요.

하　그것은 언뜻 보기에 좀 이상한 이야기입니다. 국회의원들이 자신의 권리를 제한하기 위한 헌법적 기관을 만들려고 하는 적극적 요인이 어디에 있는지 알 수 없습니다. 그것은 그렇다 치고 그것이 과연 좋은 것인가 하는 논의는 별도로 제기할 수 있습니다. 기대되는 효과로서 현재는 내각법제국 내부에서만 이루어지고 표면화되지 않았던 논의를 헌법재판소에서 심사하게 되면 전면에 표출될 수 있다고 생각합니다. 그런데 내각이 제출하는 법안 모두에 대해 헌법재판소가 공개적으로 의견을 제출하고 판결 등 결정을 내리는 것은 불가능할 것이고, 그것도 누군가가 헌법위반이라고 제소하기를 기다려서 심사하는 것이니까 내각법제국이라는 방해자가 없어지기를 기대한다면 그 기대는 빗나갈 것이라고 봅니다.

스　하세베 선생이 말하는 입헌주의에서 보면, 헌법재판소는 헌법원리를 지키는 일종의 독립된 전문가 기관으로서 긍정적으로 평가될 수 있지 않을까요?

하　현재와 같이 최고재판소가 헌법에 관한 유권해석권을 최종적으로 갖는 것과 사법재판소와 독립한 헌법재판소를 설치해서 헌법에 관한 유권해석권을 부여하는 것은 각각 장단점이 있습니다. 구체적인 권리의무의 분쟁 속에서 나왔고 분쟁을 해결하기 위해 나올 수밖에 없는 헌법 해석이 더 세련된 것이라는 이야기는 당연히 있습니다. 또한 궁극적으로는 사람의 문제인데 헌법재판소를 구성하는 재판관의 인사를 어떻게 할 것인가가 문제입니다. 스기타 선생이 언급한 대로 헌법의 기본원칙의 수호자로서의 역할을 맡길 수 있는 사람이라고 하면, 그 재판관은 역시 중의원, 참의원의 3분의 2 이상 다수의 찬성을 얻어 임명되는 사람이 적합하다고 봅니다. 다만 그런 임명 방식의 단점도 있는데 극단적 생각을 갖는 사람은 임명되지 않을 것이므로 역시 합의형일 것이고, 아마 재미있는 판결을 하는 사람은 뽑히지 않을 것입니다.

4장
절대적 권리란 없다

어디까지가 프라이버시인가?

스 지금 헌법과 관련하여 매우 관심이 높은 문제가 이른바 '알 권리' 문제
입니다. 정보공개제도가 제대로 기능하고 있는지도 문제이지만, 그와
반대되는 프라이버시(privacy) 보호나 개인정보 보호도 문제입니다. '개
인정보보호법'이 시행되었지만, 문제가 많은 것 같습니다. 잘 보이지 않는
곳에서 무언가 중요한 변화가 일어나고 있는 것입니까?

하 개인정보보호제도와 프라이버시라는 권리문제는 잘 구분해서 논의
하는 것이 좋다고 생각합니다. 프라이버시는 입헌주의가 목표로 하는
다양한 가치의 공존과 거기서 비롯된 생활 영역을 공사로 구분하는 것의
중요성에 기초하고 있는 사회의 근간이 되는 권리입니다. 개인이 자유롭
게 자기의 생각에 따라 사는 공간이 보장되고, 자신이 중요하다고 생각하
는 정보를 자신이 선택한 사람하고만 서로 나눈다. 이것은 자신이 선택한

사람들과 자신이 선택한 정도의 친밀한 인간관계를 구성하는 것으로서 중요한 권리의 기초가 되는 것인데, 프라이버시가 보장되지 않으면 이것은 있을 수 없습니다.

　이에 반해 최근 논의되고 있는 개인정보보호법제는 프라이버시에 관련된 개인의 사적 생활에 관한 정보도 보호하지만, '생존하는 개인'을 식별할 수 있는 정보도 포함하면 모두 개인정보로서 보호의 대상이 되기 때문에 반드시 프라이버시로서 보호해야 할 정보만을 보호하는 것은 아닙니다. 어디까지가 프라이버시인지를 판단하기는 어렵습니다만, 개인정보는 '개인을 식별할 수 있는가 없는가'를 기준으로 명확히 구분할 수 있다는 전제로 시작되었지만, 최근의 논의에서는 생각했던 것만큼 그 구분이 쉽지 않아서 원래 공개되어야 할 정보까지 부당하게 비밀로 부쳐지는 결과를 낳고 있습니다.

스　지금 프라이버시가 중요하다고 강조하셨습니다. 공사이분법은 하세베 선생의 입헌주의의 주요한 요인이기 때문에 그럴 것 같은데, 페미니스트들로부터 이러한 비판이 제기되고 있지 않습니까? 사적인 영역 내의 여러 가지 억압들이 '그것은 사적 문제'라고 해서 법적 보호의 대상에서 빠져 버렸다고 말입니다. 원래 프라이버시와 그 외의 영역을 그렇게 명확히 구별할 수 있을까요?

하　페미니스트들의 비판이 있다는 것은 저도 압니다. 다만 비판하는 사람들도 공적 영역과 사적 영역의 구분 자체를 없애라고 주장하는 것은 아니라고 생각합니다.

반복됩니다만, 다양한 가치관을 지닌 사람들이 공존하기 위해서는 사적 공간과 공적 공간의 구분이 반드시 필요합니다. 이 구분이 없으면 특정한 삶의 방식이나 사고방식이 모든 사람들의 모든 생활 영역을 지배하는 세상을 만들 수도 있습니다. 물론 구체적인 공사의 구분이 때때로 특정한 사람들을 억압하거나 부당한 권력적 지배가 법이 미치지 않은 영역으로 방치되는 일이 있을 수 있습니다. 그러나 그것은 개별적인 구분 방식을 개선함으로써 해결될 수 있지 않을까요?

스 가정 내의 폭력이나 아동 학대를 가정 내의 문제니까 방치한다는 것은 이제 더 이상 있을 수 없다는 인식이 확산되고 있습니다. 그러나 그렇다면, 가정 내의 사건에 대해서도 공적 개입을 일률적으로 인정하게 되는 것 아닌가요? 어린이 학대는 밖에서는 안 보이니까 의심스러운 점이 있으면 강권적으로 아동상담소의 수사권을 인정해야 할까요? 그렇다면 프라이버시의 개념이 집과 그 외부의 관계가 아니라 개인 단위로까지 좁아지는 것 아닌가요?

하 그렇습니다. 이 경우 생활 영역의 공사를 구분하는 기준은 집 안팎의 구분이 아니라 사회 공통적인 문제관심의 대상인가의 여부입니다.
예를 들어 만약 집에서 외출할 때 강제로 명찰을 달아야 하는 일이 일어난다면, 그 사람이 어디서 쇼핑하고 어디서 누구와 만났는지 모두 감시받을 가능성이 생겨나며 집 밖으로 한 걸음이라도 나오면 프라이버시는 전혀 없다는 이야기가 됩니다. 거꾸로 개인의 집 안에서도 아동학대 등과 같은 범죄행위가 당연히 허용되지 않으므로 법적 관심이 미치는 경계가 물리적 공간과 일치하지 않는다고 봅니다.

스 물리적이지 않다면 어떤 기준입니까? 우리가 대로를 활보할 때 초상권을 주장할 수 있을까요? 혹은 도로에서 누군가에 의해 촬영되는 것에 대해서 이의를 제기할 수 있는 것인가요? 오늘날에는 여기저기에 설치된 감시카메라에 촬영될 가능성이 높습니다. 이것은 명찰을 달고 있는 것과 거의 비슷한 상황이라고도 할 수 있습니다. 수많은 보통 사람들이 왜 감시카메라에 반대하지 않느냐고 하면 자신은 누군가에게 감시받을 이유가 없으므로 괜찮다는 것입니다. 그러나 얼굴이 조금이라도 세상에 알려진 사람이라면, 그 사람이 몇 시에 어디에 있고 누구와 만났는지는 중대한 프라이버시가 될 가능성이 있습니다. 그렇다면 길거리를 걷고 있을 때나 대중교통을 이용할 때 누군가에게 감시되고 촬영되어 정보로서 축적되는 것을 프라이버시라고 할 수 있을지의 여부를 판단하는 것은 어려운 문제입니다. 거꾸로 그것이 프라이버시라고 주장하기 시작하면 우리는 길거리를 걸으면서 다른 사람의 얼굴도 보면 안 된다는 얘기가 될 수도 있는데, 이 부분은 어떻게 생각하는지요?

카메라 없는 감시 사회

하 무엇이 프라이버시로서 보호될 것인가는 사회에 따라서 다르지 않을까요? 지금 지적하신 대로 본인이 얼마나 유명한지에 따라 좌우될 것입니다. 감시카메라가 전혀 없는 사회도 생각할 수 있습니다. 구성원 간에 관계가 매우 밀접한 전원형 농촌 공동체가 그렇습니다만, 오히려 거기서는 공사의 구분이 없어서 모든 주민이 서로를 잘 아는 상황일 수도 있습니다. 프라이버시가 중요한 것은 도시형의 생활공간이기 때문 아닐까요. 감시카메라가 설치되는 것이 문제가 되는 것도 '프라이버시는 존중되어야 한다'고 많은 사람들이 생각하는 도시공간이기 때문이라고 생각됩니다.

감시카메라의 수가 많은지 적은지에 따라서 개인정보 집적(集積)의 위험도가 달라지는 것은 사실이겠지만, 그것은 그 사회에서 사는 사람들의 안전(security) 관념이라든지 사적 영역을 지키고 싶다는 감각을 반영한 결과가 아닐까요? 그것도 도시나 사회마다 다르지 않을까요?

ㅅ 이러한 얘기는 기술의 발전에 따라 달라지겠지요. 농촌에서 도시로 사람들이 이주하고 익명성을 획득했죠. 어떤 기술의 단계에서는 사람들에게 이동의 자유, 쇼핑의 자유가 있습니다. 그러나 더 기술이 진화하면 카드로 물건을 살 때 그 날짜나 장소에 관한 정보가 축적되어서 어딘가로 유출될지도 모릅니다. 휴대폰이나 이메일 정보도 어딘가로 집적되어 유출됩니다. 도시생활의 편의성이나 익명성을 추구한 결과, 실은 자신도 모르는 사이에 다 노출되고 맙니다.

프라이버시는 미묘한 균형 위에서만 성립이 되는 것이 아닌가 싶습니다. 농촌형 감시도 아니고 테크노폴리스(technopolis)적 감시도 아닌, 그 중간에서 그렇게까지 사람들을 포섭하지도 않고 옭아매지도 않는 것 말입니다. 지금 기술 단계로는 프라이버시를 바람직한 상태로 통제할 수 있다고는 생각되지 않습니다만.

하 물론 기술의 진보로 개인의 프라이버시의 보호 범위가 좁아질 위험이 있습니다. 그러나 기술은 이와 반대 방향으로도 작동합니다. 인터넷 쇼핑은 쿠키(cookie) 등과 같은 시스템을 통해서 정보로 수집되고 축적(profiling)될 위험성이 있는 반면, 쿠키를 뺄 수도 있습니다. 또한 인터넷 쇼핑의 판매자가 개인정보 보호 조치를 취하고 있느냐에 따라서 체계적으로 대응하는 것도 기술적으로 가능합니다. 프라이버시를 보호하는 기술의 발전도 무시할 수 없는 것 아닐까요?

공인과 사인

스 방금 전에도 지적하신 대로 최근 개인정보보호법을 둘러싼 혼란이 심해지고 있습니다. 국가시험의 합격자 명부를 공개하지 않으며, 학교가 졸업생에 대한 문의에도 응하지 않고, 병원이 입원 환자도 알려 주지 않습니다. 개인의 병력(病歷)이나 학력은 사람에 따라서 알리기를 원하지 않는 정보일 수 있으며, 여러 가지 정보를 조합하면 그 사람의 프라이버시는 상당할 정도로 드러나고 맙니다. 그러나 이 건축가가 정말로 자격이나 전문지식을 지니고 있는지, 이 후보자는 정말로 석사학위를 갖고 있는지, 이 사람과는 어떻게 하면 연락이 닿는지와 같은 정보까지 차단되면 사회생활이 성립되기 어려워집니다. 개인정보 보호가 사회 전체를 질식시키는 방향으로 가고 있다고 생각됩니다만, 어떻게 하면 좋을까요?

하나의 생각으로서 종래에는 공인(公人)과 사인(私人)이라는 구분이 있었습니다. 유명인이나 정치인은 공인이라서 상당히 많은 정보를 드러내야 하지만, 일반인은 사인이므로 드러내지 않아도 된다는 얘기입니다. 거기서 제가 이해하기 어려운 것은 누가 공인이고 누가 사인인지 어떻게 구분하여 말할 수 있을까요? 또는 정치인이라도 가족의 정보까지 공개되어야 할까요? 일반인이라도 중대한 영향력을 가지고 있는 사람, 예를 들면 기업에도 공적 성격은 있고 시민단체도 정치에 관여하고 있으니 그런 활동에 관련된 사람 모두를 사인이라고 말할 수 없는 것 아닌가요?

하　여기서는 프라이버시의 문제인가 개인정보보호법의 운용인가로 구분해서 논의하는 것이 좋겠네요. 지금 문제가 되고 있는 것은 개인정보보호제도에서 개인정보의 취급이 아닌가 싶습니다.

공인과 사인의 구분은 명예훼손 소송에서 보호의 정도를 문제로 할 때 나온 개념입니다. 이것이 프라이버시 보호의 문맥에서 논의된다면 공인인 이상 사적 생활의 부분은 통상적인 사인의 경우보다 좁다고 이해됩니다.

이것을 개인정보보호법에 적용하면 원칙대로라면 사회 관행상 공개될 수 있는 정보는 개인의 허락 없이 공개하는 것이 적절한 경우도 있고, 그것을 생각할 때 공인인가 사인인가, 공직에 있는 사람의 공적 직무에 관한 정보인가 아닌가가 문제가 됩니다. 스기타 선생께서 말씀하신 대로 유명인이 아니라도 기업 등 중요한 단체의 책임 있는 직책에 있는 사람의 행동은 그런 맥락에서는 공개되는 것이 적절한 경우도 있을 수 있다고 생각합니다.

스　저는 원래 공공이란 개념이 잘 이해되지 않는다고 생각합니다. 일반적으로는 세금으로 밥 먹고 있는 사람들, 즉 공무원이 공인이라고 생각하는 경향이 있습니다. 그런데 공무원에 대해서는 여러 가지 정보를 공개하라고 하는 반면 기업의 경영자는 사인이라고 단순히 생각하는 사람이 많습니다. 그러나 오늘날과 같은 자본주의경제에서는 기업의 경영자가 어떤 사람인가는 사회적인 관심거리입니다. 세금으로 먹고 사는가의 여부를 기준으로 한다든지, 혹은 법률학에서 공법과 사법이란 구분, 그리고 공권력과 사적 부문 같은 단순한 이분법이 현재 어느 정도까지 통용될 것인가. 공무원인가 민간인인가 사불문하고 사회적으로 영향력을 사회적으로 사람은 동일하게 공인이 아닐까 생각합니다만.

하 　그것은 정보 관련 제도가 발달된 미국 제도의 역사를 생각하면 알기 쉬울 것입니다. 미국은 뉴딜정책 이전에는 작은 정부였습니다만, 그 이후에 크게 전환해서 정부의 권한이 확대되었습니다. 이에 대해 극히 비판적인 정치세력이 존재했습니다. 이 세력이 계속 확대되는 정부의 권한을 제한하려고 고안한 것이 행정절차법입니다. 그것으로도 확대가 멈추지 않았기 때문에 정보공개제도를 만들었습니다. 이 제도를 통해 투명성을 향상시킬 수 있었지만 정부가 활동하기 어려워지는 점을 노렸다는 사실을 부정하기는 어렵습니다. 그래서 세금을 기준으로 이러한 문제를 생각한다는 것은 일본뿐만 아니라 미국에서도 있는 이야기입니다. 관은 가능한 한 작은 것이 좋다는 생각에서 자연스럽게 나온 발상일지도 모릅니다.

스 　요즘 자주 등장하는 신자유주의적 사고방식에 따르지 않더라도 그렇게 되는군요. 다만 법률학이 공법과 사법의 틀을 갖고 있다는 것이 사람들의 그런 사고방식을 재생산하는 데 일조가 된다는 것은 없는지요? 무척

난폭한 표현입니다만.

하   법률학의 체계가 그렇게 큰 사회적 영향력을 갖고 있다고 생각한 적이 없습니다. (웃음)

스   예를 들면 행정법이 다루는 것과 그렇지 않은 것, 비밀을 지킬 의무가 있는 것과 그렇지 않은 것에서 공과 사의 벽에 대해 구체적인 문제가 나오 겠지요.

하   구체적 권한과 의무가 어떻게 겹치느냐는 개별 실정법의 규정 방식 에 따르는 것이므로 공법인가 사법인가라는 구분으로부터 얼마나 커다 란 결론이 나올지에 대해서는 자신이 없습니다.

이중의 기준

스   이어서 '언론의 자유'와도 관련이 깊은 이른바 '이중의 기준론'에 대 해 말하고 싶습니다. 헌법상의 권리에도 여러 가지가 있는데, 언론의 자유 같은 정치적 권리와 영업의 자유 같은 경제적 권리는 실은 동일하게 취급 되지는 않습니다. 헌법학에서는 이것이 '이중의 기준(double standard)' 으로 논의됩니다. 경제적 권리를 규제할 때보다 언론의 자유 같은 정치적 권리를 규제할 때보다 더 신중해야 한다는 말로서 이해해도 될까요?

하   그렇습니다. 일본을 비롯한 선진국에서 민주주의 원칙을 택하고 있기 때문에 유권자에게 정치적 책임을 지는 국회와 국회에 책임을 지는 행정부가 국가의 정책에 대해 기본적 결정을 내립니다. 이러한 사고방식을 연장시키면 권리와 자유를 비롯한 헌법상의 권리를 어디까지 제약해도 좋을지를 우선 판단하는 것은 국민의 대표자여야 할 것입니다. 그런데 왜 위헌심사권을 재판소가 가지고 있을까요? 선거에서 선출되지 않은 재판관이 왜 국민의 대표가 결정한 것을 무효로 만들 수 있는가가 어려운 문제로 남습니다. 이에 대한 해답이 '이중의 기준론'입니다.

언론의 자유를 비롯한 정신적 자유는 민주적 정치과정이 제대로 작동하기 위한 전제조건이기 때문에 그것이 부당하게 제약된다면 정치과정 그 자체 속에서는 교정되지 못합니다. 즉, 자기정화 작용이 기능하지 않는 것이죠. 따라서 정치과정에서 독립한 재판소가 심사하고 부당한 제약을 제거해야 합니다.

반면 경제적 자유의 경우는 민주적 정치과정이 제대로 작동하는 한, 부당한 제약이 가해지더라고 정치과정을 통해서 그것을 제거할 수 있습니다. 그래서 재판소가 일부러 나서지 않아도 됩니다.

스　하지만 정치체제의 선택을 생각할 때 경제적 권리나 산업사회, 자본주의도 체제원리를 구성하는 중요한 요소라고 말할 수 있지 않을까요? 자유민주주의 질서를 구성하는 것은 물론 정치제도도 있습니다만 시장경제라는 원리도 포함됩니다. 이 점에서 경제적 권리도 헌법의 근간과 관련되지 않을까요?

하　그것은 어려운 논점입니다. 이중의 기준론은 민주적 정치과정이 제대로 기능하기 위해 전제조건을 마련하는 것이 사법심사의 역할이라는 논의인데, 사실 민주적 정치과정에 대한 해석이 하나만 존재하는 것은 아닙니다.

예를 들면, 전에도 나왔습니다만 그것을 이익집단 자유주의로 이해한다면 민주적 정치과정은 다양한 이해가 서로 경쟁하거나 타협하는 것이 됩니다. 이것이 제대로 작동한다는 것이 어떤 것인가를 생각하면 경제적 자유에 대한 제약에도 실은 두 가지가 있습니다. 하나는 일반 공익을 위한 것인데 환경보호를 위한 기업 활동 규제가 거기에 해당됩니다. 다른 하나는 일반 공익과 관계가 없지는 않지만, 직접적으로 특정한 이익단체의 목적을 추진하기 위한 것입니다. 판례에서 문제가 된 사례로 영세한 소매업자를 보호하기 위해 소매시장의 입지를 규제하는 소매상업조정특별조치법이 있습니다.

그렇다면 재판소는 어떻게 대응해야 할까요? 지금 일본의 판례는 전자, 즉 일반 공익을 실현시키기 위한 제약을 보다 더 엄격히 심사해야 한다는 입장입니다. 거꾸로 후자의 특정 이익을 추진하는 것을 목적으로 하는 제약의 경우는 그냥 통과합니다. 이것은 언뜻 보면 얘기가 전도된 것처럼 보입니다. 그런데 이익집단 민주주의의 관점에서 보면 의회가 주로 산출하는 것은 원래 개별적 이익을 추진하는 입법일 텐데, 재판소가 그런 입법에 대해서 일일이 뭐라고 하지 말아야 합니다. 오히려 재판소가 신경 써야 할 것은 속으로는 개별적 이익을 추진하면서 겉으로는 일반 공익을 위한 것이라고 하여 부당하게 개별적 이익을 추진할 수 있는 위험성입니다. 판례에서 문제가 된 약사법의 출점(出店) 규제는 국민의 생명과 건강의 보호를 명목으로 하고 있습니다만, 실제로는 기존 약국의 이익을 보호하기 위한 것이었다고 볼 수 있습니다. 그렇다면 경제적 자유의 제약에 대해서도 재판소는 방침을 미묘하게 구분해서 써야 할 필요가 있을 것입니다.

경제의 자유와 정신의 자유, 어느 쪽이 중요한가?

스 제가 이해하기 어려운 것은 언론의 자유는 방해하거나 탄압하지 않으면 실현됩니다. 따라서 이러한 권리에 대한 심사는 그런 의미에서 어렵지는 않죠. 그러나 경제적 권리가 경제활동에 관련된다면 경제체제의 바람직한 상태에 대한 이미지가 없으면 재판소도 심사를 못하는 것 아닌가요? 예를 들면 주식시장에 규제를 하려고 할 때 경쟁이 심한 것이 정상일까요, 경쟁이 없는 것이 정상일까요? 이것은 견해에 따라 다를 것입니다. 이중의 기준에 대해서는 법철학자인 이노우에 다쓰오(井上達夫) 선생이 '경제활동보다 언론과 사상의 자유가 중요하다는 것은 오만'이라고 비판하고 있습니다. 이 주장이 맞는지 아닌지는 제쳐 두고, 사실은 재판소나 헌법학자가 경제활동의 바람직한 모습, 즉, 경제사상을 지니고 있고 그것을 전제로 해서 판단하고 있는 것은 아닌지. 만약 거기에 다양한 견해가 있다면 원래 심사를 할 수 없는 것 아닙니까?

하 그것은 오히려 반대가 아닌가 싶습니다. 시장의 구조나 참여자의 형태에 대해서는 여러 가지 견해가 있을 수 있습니다. 문제는 어떤 룰이 정해지지 않으면 시장기구는 작동하지 못합니다. 반드시 민법이나 상법, 그리고 계약의 이행을 확보하는 민사소송법이나 민사집행법이 필요합니다. 그러한 경제제도의 기본이 되는 법 제도에는 여러 가지 종류가 있을 수 있지만, 어느 쪽이 보다 좋은 제도인가를 재판소가 자각적으로 판단하기란 매우 어렵습니다. 오히려 현존하는 제도에 따라서 사람들이 경제활동을 행하는 것이기 때문에 그러한 현행 제도에 대한 시장 참여자의 기대가 지 종류는 것이 매우 중요합니다. 바로 그렇기 때문에 정신적 자유에 대한 규제 입법보다 경제적 자유에 대한 규제 입법에 대해서는 재판소가 한 걸음 물러 선 태도를 취해야 합니다. '어떤 것이 올바른 것인지 모르지만, 뭔가는 필요'하다는 의미입니다.

한편, 정신활동은 규제하는 입법은 없어도 됩니다. 신문법이 없어도 신문을 발행할 수 있지만, 시장기구의 룰이 없으면 신문을 발행할 수 없습니다. 정신적 규제는 없어도 되지만, 경제적 규제를 없애면 신문의 발행이란 경제활동이 성립이 못하게 되는 것이 아닐까요?

스　그런데 일본 헌법에는 시장경제를 지키라고 규정되어 있지는 않잖습니까?

하　문서상으로는 규정되어 있지 않습니다.

스　그렇다면 예를 들어 선거를 안 하는 것은 헌법 위반이지만, 경제를 국유화하는 것은 헌법원리에 위반되지 않습니까?

하　구체적으로 상상하기는 어렵습니다만, 프랑스의 초기 미테랑(F. Mitterrand) 정권과 같이 중요 기간산업을 국유화하면서 민주적 선거를 실시하는 것 자체는 일본 헌법에서 금지하지는 않는 것 같습니다.

스　정신적 영역과 물질적 영역을 구분하면 물질적 영역은 헌법이 아닌 법률 차원에서 통제가 가능하다는 것입니까?

하　공유화하는 것이 장기적 투자도 가능하고 외국의 기업연합체에 의해 매수될 위험이 없어서 더 좋다고 유권자가 생각하면 헌법상 허용된다고 이해해야 할 것입니다.

스　이노우에 선생의 이익집단 자유주의에 대한 비판과도 관련됩니다만, '공익이 있다'는 견해에 대해서는 잘 이해가 가지 않습니다. 일찍이 헌법학자가 이중의 기준을 들고 나왔을 때 경제를 멸시하는 경향은 없었습니까?

하　저는 그렇게 보지 않습니다. 이중의 기준론을 도입한 헌법학자 이토 마사미(伊藤正己) 선생이나 아시베 노부요시(芦部信喜) 선생도 내재적 가치로는 구분하지 못하는데도 왜 다르게 다루는가에 대해서 문제를 제기한 다음 그것은 '민주적 정치과정의 운영을 제대로 유지하는 것이 사법심사의 역할이기 때문'이라고 대답했습니다.

스　여기서 여쭤 보고 싶은 것은 독일에서는 민주주의를 위험에 빠뜨릴 수 있다고 해서 네오나치(Neo-Nazi)의 언론의 자유를 제약합니다. 그렇다면 일본의 이중의 기준론에서도 민주적 정치체제를 지키기 위해 자유민주주의를 부정하는 언론의 자유는 보호되지 말아야 하는 것 아닙니까?

하 제대로 된 답이 될지 모르겠습니다만, 일본 헌법은 원래 헌법상 보호할 만한 가치가 없는 표현 활동이 있을 수 있다는 전제를 취하고 있습니다. 예를 들면 외설적 표현이나 범죄의 선동 등 타인의 명예를 훼손하는 표현은 민주적 정치과정을 제대로 운영하기 위한 기능과 관계가 없기 때문에 배제됩니다. 그렇다면 네오나치는 어떤가요? 저는 배제하는 것에 대해서는 약간 회의적입니다. 예를 들면 '강제수용소는 존재하지 않았다'는 주장을 허용하면 정말로 강제수용소가 존재하지 않았던 것이 될까요? 그렇지는 않다고 봅니다. 보통 자유로운 공론장(公論場)에서 논의를 해 나가면 그런 논의가 우위에 선다고 생각하기 어렵습니다. 반대로 '강제수용소는 존재하지 않는다'는 담론을 법률로 규제하지 않으면 위험해지는 국가라면 취약한 민주주의라는 반대로 된 딱지가 붙지 않을까요.

스 독일에는 역사적 특수성이 있겠지만, 그런 이치를 다른 국가에 적용하면 안 된다는 것입니까.

하 이것은 제 개인적 생각입니다만.

헌법이 미치는 경계

스 지금까지 권리의 여러 가지 한계에 대해서 검토해 왔습니다만, 실은 전부터 저는 '권리란 말을 잘 모르겠다'라고 말해 왔습니다. 권리는 보편적인 것으로 되어 있습니다. 사람은 태어날 때부터 권리를 갖고 있다는 식으로 말입니다.

그렇다면 외국인도 권리를 갖고 있을 것입니다. 그러나 일본 헌법에서 외국인은 여러 가지 권리를 반드시 가지고 있지는 않습니다. 왜 그런가? 권리는 있지만 실현시킬 절차가 없고 수단이 없는 것인가? 그것은 그래도 이해가 갑니다. 아니면, 일본에 있는 한, 원래 권리가 없는 것인가? 그러면 본국으로 돌아가면 권리가 발생하는가? 이런 문제에 대해서는 어떻게 생각하는지요?

하 이 문제에 대한 일본 최고재판소의 선행적 판례는 1978년의 매클린 사건입니다. 매클린이라는 미국인이 일본에서 어학학교 교사로서 체류 중에 베트남전 반대시위에 참여했습니다. 그런데 시위 참여를 이유로 체류기간의 연장이 허락되지 않자 그는 소송을 제기했고, 그것이 최고재판소까지 올라간 사건입니다. 최고재판소는 표면상 외국인도 일본 사람과 마찬가지로 권리는 가능한 한 평등하게 보장되지만, 권리의 보장은 어디까지나 체류제도의 범위 내로 한정된다고 판단했습니다. 게다가 정치적 시위에 참여한다는 것은 일본 사람으로서 당연히 보장되어야 할 권리지만, 그런 표현활동에 참여한 것을 가지고 체류기간을 연장하지 않는다는 판단을 법무대신이 한다고 해도 그것은 법무대신 재량의 범위에 속한다는 얘기입니다. 어디까지나 체류제도의 범위 내여야 한다는 것은, 제 친구인 헌법학자 안넨 준지(安念潤司) 선생도 강조하고 있습니다만, 이 최고재판소의 판례가 말하는 것은 결국 '일본 사람이라면 일반적으로 보장될 권리의 행사라도 외국인의 경우 그것을 이유로 본국으로 돌아가라는 명령을 받아도 항의할 수 없다'는 것입니다. 거꾸로 말하면 외국인에게는 일본 사람만큼의 권리는 보장되지 않는다고 해도 과언이 아닙니다.

스　안넨 선생은 그렇게 말하고 있다는 것이죠?

하　네, 그렇게 말했죠.

스　하세베 선생은 어떤가요?

하　(웃으며) 저도 그렇다고 봅니다. 이것도 안넨 선생이 말하는 것인데, 일본뿐 아니라 일본이 본보기로 여겨온 선진국에도 그런 제도가 있습니다. 어디까지나 체류제도의 범위 내에서 외국인은 체류할 수 있다. 원래 외국인이 일본으로 입국할 수 있는 권리를 가지는 것은 당연한 것이 아니니까요. 이것을 어떻게 설명하는가가 다음 문제입니다. 스기타 선생이 말하는 대로 사람은 태어날 때부터 평등의 권리가 보장되어 있는 데도 왜 일본은 일본 사람의 권리만 보장하는가? 내 설명은 공리주의 철학자 로버트 구딘(Robert Goodin)의 설명방식으로, 분명히 사람은 태어날 때부터 평등의 권리를 향유하며 모든 사람에게 권리를 보장할 의무가 모든 정부에게 있다는 것이 출발점입니다.

　　그런데 그 원칙을 액면 그대로 받아들여 모든 정부가 모든 사람들의 권리를 평등하게 보장하려고 하면, 권리가 보장되는 정도가 평균적으로는 오히려 저하되어서 효과적인 보장이 어렵게 됩니다. 이 문제를 해결하기 위해서는 각 국가가 분담해야 합니다. 미국 정부는 미국 국민의 권리를 우선 보장하고, 일본 정부는 일본 국민의 권리를 보장한다, 그렇게 해서 각국 정부가 자국민의 권리를 실효적으로 보장하려고 노력한다면 결과적으로 지구 전체적으로 모든 사람들의 권리가 보장되는 정도가 확실히 향상된다는 견해입니다.

스　그것은 말로서는 이해가 갑니다만, 굳이 일본 정부에게 지금 아프리카에 있는 사람들을 걱정해야 한다고 말하고 있는 것이 아닙니다. '때 마침 지금 일본 국내에 살고 있는 아프리카 사람들의 권리를 보장한다'는 분담이라면 겹치는 부분도 빠지는 부분도 없잖습니까? 그 사람은 지금 아프리카의 본국 정부의 보호를 받을 상태에 있지 않기 때문에 거주 지역으로 관할을 생각해서 외국인의 권리를 체류 중인 국가가 보장하는 것이 낫지 않을까요?

하　그런 방식이 지구 전체로 보급되면 그렇습니다만, 적어도 지금 현재 모든 국가가 국적에 근거해서 자국민의 권리는 보장하지만, 그렇지 않은 사람들의 권리는 동일한 정도로는 보장하지 않는 제도를 택하고 있습니다. 그러므로 저는 지금 실정(實定)제도를 전제로 해서 어떻게 잘 설명할 것인가를 말하고 있는 것입니다.

난민이 계속 들어온다면

스　저도 국민국가의 기능을 나름대로 평가하고 있습니다만, 동시에 국민국가로 커버가 안 되는 영역도 상당히 크다고 봅니다.

체류외국인의 상당 부분이 어쩔 수 없이 이른바 불법체류를 하고 있는 상황이라든지 난민의 유출이 끊이지 않은 상황에서 그들의 권리를 충분히 보장하는 정부는 없습니다. 그때 외국인의 권리를 종전과 같은 틀로 다루는 것이 좋은가. 이 문제에 대해서는 세계적으로도 대응방식에 차이가 있을 것입니다.

거꾸로 국내에 있는 외국인들에게 여러 가지 권리를 보장하지 않음으로써 오히려 자국민이 피해를 보는 일은 없는가? 외국인이 의료제도나 교육제도 바깥에 방치되어서 교육받지 못한 사람이나 병에 걸린 사람이 늘어나 사회 불안이나 위생 수준의 저하 등이 야기된다든지 말이죠. 공리주의의 입장에서도 자신의 영역 안에 있는 사람들을 모두 돌보아 주는 것이 사회 전체로서도 이점이 존재한다고 말할 수는 없을까요?

하 그런 계산도 성립이 가능합니다. 다만 문제는 이 사람들의 권리를 실효적으로 보장하는 행위 주체(agent)가 존재하지 않거나 또는 존재하더라도 역할을 제대로 수행하지 않을 경우에 어떻게 될 것인가? 누군가가 배려해야 할 것이지만, 어떤 특정한 정부, 어떤 특정한 국민이 그래야 할 것인가가 정해지지 않았습니다. 그렇다면 왜 우리가 돌보아 주어야 하는가 하는 견해는 당연히 나올 것입니다.

스 국적에 따라 권리가 제약된다는 이야기의 연장선상에는 굳이 말하면 같은 국민 안에서도 일급 시민과 이급 시민을 나누고 너희들은 노동은 해도 되지만 언론의 자유는 인정하지 않겠다는 일종의 오웰(G. Orwell)적 세계도 있을 수 있다는 것이 아닙니까. 다수의 이급 시민에게 '너희들은 일하고 밥 먹는 건 괜찮지만, 언론의 자유와 같은 고급스러운 것은 주지 않는다. 정치와 관련된 어려운 얘기는 일급 시민에게 맡겨라'. 그렇게 하는 것이 오히려 그 나라가 잘 다스려질지도 모른다, 그 편이 세상이 잘 돌아가고 행복한 사람이 많을 수도 있다, 왜 권리를 모두에게 일률적으로 보장해야 하는가 하는 논리에 연결되지 않을까요?

하 일종의 극단적 공리주의 논리에서 출발한다면, 말씀하신 것처럼 엘리트주의적으로 일부 능력 있는 사람들만이 정치 운영에 참여하면 그만이고 그 밖의 많은 사람들은 그 지배하에서 편하게 살아가면 되지 않나 하는 논의는 충분히 있을 수 있다고 봅니다. 다만 최초의 출발점은 모든 사람이 태어날 때부터 평등한 권리를 가지고 있다는 것이라서 아무리 공리주의를 감안한다고 해도 그러한 분업은 어렵지 않나 싶습니다.

오히려 이런 예는 어떤가요? 어떤 국민이 아주 편하게 평등을 보장받아서 살고 있는데 거기에 대량의 난민이 들어오고 싶어 한다고 가정해봅시다. 그들의 권리나 복지를 어디까지 존중해야 할 것인가 하는 얘기는 보다 더 어려운 질문이 될 것입니다.

이에 대해서 다양한 견해가 있을 수 있지만, 평균적 공리주의로는 다소 자신들의 생활수준이 저하된다고 해도 난민의 생활수준을 높이면, 전체적으로 정점의 수준은 떨어질 수도 있지만 그럭저럭 원만한 생활을 할 수 있습니다. 그런 결과가 보장된다면 원조해야 한다는 얘기가 됩니다. 그러나 얘기가 거기서 끝나지 않고 또 새로운 난민이 들어오고, 그 시점에서 생활수준은 다시 낮아진다, 그래도 거기서 얘기가 끝나지 않을 수 있고 계속해서 대량의 난민이 들어올 수도 있으니 최종적으로는 아주 많은 난민과 함께 매우 열악한 생활환경에서 살아야 된다. 그것이 정말로 바람직한가 하는 것이지요.

스 그것은 효용계산의 방식인데, 사람이 이동해도 전체로서 효용의 총량에 변화가 없다면 일본이나 미국이 향유하는 수준과 아프리카의 수준을 기계적으로 계산해서 인류 전체의 인구로 나눈 평균치에서 균형에 달한 상태와 지금과 같이 격차가 있는 상태는 공리주의적으로는 등가이지요. 그런데 그것이 곤란한 점은 지금 비교적 더 나은 위치에 있는 사람으로서는 피하고 싶을 것입니다. 그러나 아마 세계의 많은 사람들에게는 바꾸는 것이 현재보다는 낫지 않을까요?

하 그런데 공리주의적 논의로는 생활수준이 높은 나라인 우리가 볼 때 왜 우리가 자신의 생활수준을 낮추기까지 해서 그 사람들을 돌봐 줘야만 할까요?

스 그때 우리라는 것은 권리에 대해서 논의할 때의 인류와는 다릅니다. 역시 어떤 역사를 공유하고 있을 뿐만 아니라 같은 나라에서 태어나 피를 공유하고 있다는 혈연으로 이어진 사람들이란 것이지요.

하 혈연까지 있는지는 모르겠지만.

스 적어도 역사와 같은 무언가를 공유하고 있는 네이션(nation)이죠.

하 그런 경우가 많다고 봅니다만, 문제는 우리 자신이나 사랑하는 가족의 생활수준이 떨어지는 것을 감수하면서까지 난민을 돌보아 주고 싶지는 않은데 거기에 무엇인가 정당화의 논리는 없는가 하는 점입니다. 몇 가지 후보는 있다고 생각하는데, 하나는 사람이 사는 데 도덕적으로 올바르게 산다는 것 이외에 여러 가지 삶의 선(善)이란 것이 있다고 봅니다. 예를 들면 맛있는 음식을 먹는다든지 멋진 모차르트의 협주곡을 듣는다든지 좋아하는 축구팀을 응원한다든지. 즉, 대량의 난민을 도와주기 위해서 우리의 생활수준이 저하되는 것은 무엇인가를 희생하는 것이 아닌가? 그것이 도덕적으로는 올바른 선택일지도 모르지만, 도덕적 올바름과는 비교할 수 없는 별개의 삶의 선을 희생하게 만든다. 그것을 이유로 해서 도덕적으로 올바른 선택을 거부할 수 있는가가 문제가 된다고 봅니다.

스 도덕적으로는 올바르지 않지만, 멋진 생활이라는 것도 정말로 자유라는 것입니까? 일본 내에서조차도 사회적 양극화가 확대되어 가는 가운데 도심의 '히루즈족'(한국의 타워팰리스와 같은 고급 아파트에 사는 사람들―역자주)에 대해서 비판이 집중되고 있습니다만.

하 그 부분은 선(善)의 가치를 어떻게 계산할 것인가와는 별개의 이야기라고 생각합니다. 예를 들어 이런 이야기는 어떻습니까? 지금 많은 난민이 들어오면 우리의 생활수준이 낮아진다. 그로 인해 더 이상 가면음악극(能樂)을 감상 못하게 된다. 또 다시 난민이 들어오면 이번에는 인형극(文樂)을 즐길 수 없게 된다. 또 다시 난민이 들어오면 마지막에는 하세베 교수가 부르는 노래밖에 들을 수 없게 된다. 그렇게 우리 생활에서 선을 점차 상실하게 됩니다. 만약 어느 시점에서 제지를 한다면 왜 최초의 가면음악극은 안 되는 것인가요?

스 제가 아까부터 말씀드린 대로 그렇게 말씀하신다면 배분을 더욱 불평등하게 하면 일부 사람이 보다 더 좋은 것을 가져갈 수 있잖습니까? 도쿄대 교수는 1억 엔의 연봉을 받아도 괜찮지 않습니까?

하 1억 엔을 받는다는 것이 어떤 선(善)과 연결된다면 괜찮겠지요.

스 아니, 내 주장의 가치는 1억 엔이다, 왜 너희들과 같이 낮은 연봉이냐고 말해도 되는 것 아닙니까? '우리'의 범위가 왜 네이션인가요? 일급 시민, 이급 시민으로 나누는 것이 많은 가치를 얻을 수 있는 것 아닌가요?

하 저, 미안합니다만, 논의의 전개를 따라가지 못하겠는데요. 사는 데 그것이 선이라고 실감하지 않으면 선이라고 말할 수 없습니다. 역시 가면음악극을 보고 좋다고 느끼는 것은 제가 좋다고 느끼기 때문에 그런 것인데, 누군가가 제가 모르는 데에서 가면음악극을 공연하는 것은 선이 아니라는 것이지요. 그래서 제가 1억 엔을 갖는다는 것은 아무 의미가 없습니다.

스 1억 엔이 있으면 생활의 가치를 높일 수 있을 텐데요. 집에서 가면음악극을 감상하는 것도 가능할 텐데요.

하 그것을 실제로 좋은 생활로 보느냐 하는 것이지요. 돈만의 문제가 아니라는 것입니다.

스 요컨대 이런 것이군요. 제가 굳이 네이션과 보편적 권리의 괴리를 지적한 것은 네이션으로 멈추지 않으면 어떻게 될 것인가, 만약 지금 봉건 사회, 예를 들면 17세기의 프랑스라면 당연히 '우리 귀족에게는 이런 특권이 있다'는 얘기가 됩니다. 거기서 경계선은 귀족과 그 아래 계급의 사람들 사이에 그어져 이교도나 외국인 같은 존재는 어떻게 되든 상관이 없습니다. 지금은 그런 상황이 아니라 외국인과 자국민 사이에 선이 그어져 있습니다만, 시대에 따라서 그 경계선이 이동하는 것입니다. 그렇다면 왜 지금 네이션이라는 경계선을 그렇게 중요시하는 것일까요? 그것이 지금 신뢰를 받고 있고 거기서 조정하는 것이 가장 쉽기 때문이라는 말입니까?

하 아까 이야기의 연장선상으로 어느 정부가 어느 인민의 권리를 배려하는가라는 구분의 원칙이 현재로서는 국적 단위로 정해져 있습니다. 그것으로 충분하지 않을 경우에 어떻게 할 것인가 하는 문제는 남아 있습니다만, 출발점은 각각의 국가입니다.

스 유럽에서 경계선을 상대화시키려는 움직임이 있습니다. 그들 나름의 계산으로 권리 보장의 범위를 유럽 전체로 확대하는 것이 좋다는 것입니다. 일본도 동아시아 공동체가 가능성으로서 있을 수 있고, 거꾸로 예를 들면 스코틀랜드와 잉글랜드 간에 권리의 범위가 다르다는 것도 있을 수 있지요.

하 유럽의 경우, 확대해도 장기적으로는 자신들의 생활수준이 저하되지 않습니다. 시장규모의 확대가 유럽 전체에 가져올 이점이 커서 생활수준이 향상될 것이라는 계산 아래 진행되고 있는 것입니다. 그 계산에 반대하는 사람도 있지만, 그들 간의 경쟁으로 정해질 것입니다. 만약 일본이 정치권이나 경제권을 주변 국가들과 공동으로 만들 경우에도 같은 계산을 하게 될 것이라고 생각합니다.

스 매클린 판례에 대한 헌법학계의 해석에서도 이 범위가 최적이라는 정치적 판단을 표명하고 있는 것입니까?

하 현재의 범위가 최적인가 아닌가가 아니라 이것은 국제관습법에 따라 주어진 것이니까요. 주어진 범위를 확대할 것인가 좁힐 것인가에 관한 판단이라고 봅니다.

권리뿐이고 의무는 없다고요?

스 2005년 가을에 자민당이 제출한 헌법 개정 초안에는 '책무'라는 말이 나옵니다. '방위의 책무' 등 말입니다. 개헌론에서는 '헌법은 권리만 규정하고 있고 의무는 거의 규정하지 않고 있다'고 언급되어 있습니다. 이에 대해 종래 헌법학에서는 '입헌주의는 국민이 위정자나 권력자에게 권리를 주장하고 확인하는 문서다. 의무 따위는 규정하지 않아도 된다. 규정하는 것이 오히려 이상하다'고 설명해 왔다고 생각합니다.
　1장에서도 말했습니다만, 국민주권론의 권력관, 즉 국민이 스스로에게 권력을 행사한다는 것과 권력자 대 국민이라는 권력관이 잘 어울리지 않는다고 생각합니다. 물론 국민주권론을 절대화하는 것은 아닙니다. 그러나 거꾸로 위정자가 우리에게 일방적으로 권력을 행사한다는 견해도 우리 자신의 당사자성을 인식하지 못하게 하는 것이 아닌가, 권리는 권력자에게 주장해야 할 뿐만 아니라 우리끼리도 서로 존중해야 하는 것이 아닌가, 즉, 전(前)국가적으로 가지고 있는 권리를 거기서 재확인하고 있다고 생각하는 것인데, 그런 의미에서 정치사회를 구성하는 시민으로서 정치사회에 대해 지고 있는 의무나 책무와 권리는 서로 분리될 수 없는 것이 아닌가 하는 느낌도 듭니다.

하　헌법상의 권리가 국민이 서로 존중해야만 하는 가치원리를 확인하고 있다는 것은 맞는다고 봅니다. 반면, 헌법이 권리를 규정하는 것은 의미가 있지만, 의무를 규정하는 것에 대해 헌법학자가 여러 가지 말을 하는 것은 '의무를 규정하는 것은 법적인 의미가 없다'라는 아주 단순한 사실을 말하고 있는 것이라고 생각합니다.

위정자가 국민에 대해 이것을 하지 말라, 저것을 하지 말라고 명령하고 싶다면 단순히 그런 법률을 만들면 되는 일입니다. 굳이 어려운 절차를 밟아서 헌법에 규정할 필요는 없습니다. 이에 반해 국민의 권리는 '이것은 권리이기 때문에 제한되지 않는다'라고 헌법에 잘 규정해 놓지 않으면 위정자에 의해 제한될 수 있기 때문에 권리를 규정하는 것은 의미가 있습니다.

권리는 무엇이나 주장할 수 있다는 뜻이 아니다

스 권리가 규정되어 있다고 해서 모두 실현되는 것이 아니라고 생각합니다. 다른 권리와의 충돌이나 제약이 있습니다. 그렇다면 처음부터 '이 권리는 이런 경우에는 제약된다'라고 규정하는 것이 더 성실한 것 아닌가 싶은데요. 이것도 아마추어적 논의로서는 있습니다만.

하 권리는 제약될 이유가 여러 가지 있다고 명시하는 것이 좋다는 것입니까?

스 권리가 절대적인 것이 아니라는 것은 현상에서는 해석이나 실무적 차원에서 그렇게 되는 것이지만, 제가 아까부터 말한 대로 국민의 당사자성을 생각할 때 그것으로 좋은 것인가라는 생각이 듭니다. 헌법에 규정되어 있으니까 아무거나 권리를 주장해도 된다고 이해하는 사람들이 있습니다. 그리고 일방적으로 위정자나 재판소에 의해 부당한 제약을 받고 있다, 자신의 당연한 권리가 무엇인가 헌법 외부로부터의 정치권력에 의해 제약되고 있다는 것이 재판투쟁을 하고 있는 사람들의 실감하는 부분일 것입니다. 그러나 저는 그게 아니라 개인이 주장할 수 있는 권리에는 원래부터 제약이 있고 그것이 재판에서 인정된 것에 불과하다고 생각합니다. 한편에 헌법적 권리가 있고 다른 한편에 제약이 있다면, 헌법이란 문서가 구조적으로 제약을 내장(內臟)하는 것으로 규정되어야 하지 않을까요?

하 헌법상의 권리에 대해서는 일반적인 제약의 원리로서 공공의 복지가 있다는 것은 헌법 12조, 13조가 그 근거입니다. 원래 국가 자체가 공공의 복지를 실현하는 것을 목적으로 만들어졌으므로 공공의 복지를 이유로 사람들의 권리가 제약되는 것이 당연하다고 생각하지만, 문제는 공공복지 내실을 구체적으로 열거하는 것이 적절한가, 또한 그것이 가능한가입니다. 오늘날 일본에는 수백 개 법률이 있고, 각각이 사람들의 권리나 자유를 제약함으로써 각각 많든 적든 간에 입법의 목적인 공공복지를 실현하는 것인데, 그것을 헌법에 열거하는 것이 과연 적절한가 하는 문제입니다.

스 역사적 경위로 볼 때 권리는 모두 다는 아니더라도 구체적으로 예시되어 있습니다. 이에 반해 제약은 예시되어 있지 않은데, 이것을 어떻게 생각할 수 있을까요? 이것이 '헌법은 국민 저항의 거점'이라는 식으로 인식하는 사람들의 좋은 근거가 되어 왔고, 동시에 예를 들면 자민당은 자랑스럽게도 '책무'를 규정함으로써 무엇인가를 개선했다고 생각하는 근거가 되고 있습니다. 요컨대 권리와 책무를 병기하기보다 권리가 지니는 성격을 보다 알기 쉽게 제시할 수는 없는지요?

하 이렇게 생각하면 어떨까요? 즉, 국가는 원래 공공의 복지를 실현하기 위해 모두가 협력해서 운영하는 조직체이므로 사회 전체의 이익을 위해 규제를 가하는 것이 당연하지요. 그런데 그 규제가 과도해지지 않도록 국민의 권리가 열거되어 있습니다. 스기타 선생의 말씀대로 그런 교육을 더 실시해야 하지 않을까요?

헌법에 규정되어 있지 않은 것

스 저는 교육해야 한다는 주장은 별로 하지 않습니다만, 헌법전이라는 텍스트의 성격을 더 명확하게 해야 하지 않을까요? 가장 중요한 국민과 정부의 관계가 어떤 것인가, 국민이 어떤 권능을 가지고 있는가, 무엇을 하면 안 되는가, 그런 것들이 헌법에는 하나도 규정되어 있지 않습니다. 회사의 정관에도 주주총회와 경영진의 관계나 각각의 권능이 잘 규정되어 있음에도 말입니다.

하 국민이 법률상 어떤 지위인가는 국가가 계속해서 만드는 법령의 결과로 정해지는 것이기 때문에 헌법에 다 규정할 수는 없을 것입니다. 교육이란 말이 너무 강한 표현일지 모르겠습니다만, 국가가 어떤 조직체인가에 대해서 모두에게 알리는 노력을 좀 더 하는 것이 좋을 것입니다.

스 원래 국민이 기관입니까?

하 유권자 집단은 기관입니다.

스 주권자와는 어떤 관계입니까?

하 유권자 집단이 국민의 대표를 선출하며, 헌법 개정을 위한 국민투표에서 헌법 개정에 참여하는 것을 통해서 주권의 행사에 관여합니다. 또 다른 하나는 적어도 겉으로는 국가권력은 원래 국민의 것이므로 국정의

담당자는 국가권력의 연원인 국민에게 설명하고 납득시키는 노력을 해야만 합니다. 책임성(accountability)이란 책무가 있는 것이지요. 이것도 국민주권의 발현입니다.

스　기관으로서의 국민은 다른 기관과의 관계에서 무엇을 할 수 있고 무엇을 할 수 없는가를 명확하게 해야 하지 않을까요? 국민이 권리를 가지고 있다는 말 자체가 왠지 저에게는 와 닿지 않습니다.

하　참정권을 지닌 국민은 유권자 집단의 일원, 국가기관의 일원이며, 무엇보다도 국가의사의 형성 과정에 참여합니다. 예를 들면 재판을 받을 권리를 행사하면 국가기관의 의사결정을 이끌어내는 과정에 참여하는 권리를 행사하는 것입니다. 표현의 자유의 경우, 이 표현 활동은 법률로 제약되지 않는다고 주장하는 사람은 법률상의 제약을 받지 않은 지위가 헌법에 보장되어 있다는 것입니다. 이것은 권리의 성격별로 분석해서 생각해야 합니다.

스　법률학의 세계에서는 권리가 어떤 것인가에 대한 일정한 이해는 있다고 생각합니다. 그렇다면 왜 자민당에서 '헌법에는 권리만 규정되어 있다'는 말이 나오는 것일까요? 그 이유는 일반 사람들이 권리를 뭔가 제약이 전혀 없는 것, 다시 말해 국민을 전능한 존재로 받아들이도록 하고 있기 때문이 아닌가 생각합니다. 실제로 중학교나 고등학교의 사회 수업에서는 '권리는 절대적인 것이다. 그런데 권력자가 공공의 복지 같은 이유를 들어 그것을 부당하게 제약하려고 한다'는 식으로 가르치고 있습니다.

그러나 사회에 나가면 그것은 전혀 현실과 맞지 않는다는 것을 알게 됩니다. 그리고 권리란 공론(空論)이라는 식의 극단적인 방향으로 나아갈 수도 있습니다.

그래서 처음부터 권리에 대해 일부러 거리를 두는 견해를 갖는 것이 좋습니다. 권리란 중요하지만 절대적으로 주장할 수 있는 것이 아니라 권리와 권리가 충돌할 경우도 있을 수 있다. 다시 말해 권리란 더 상대적인 것이라는 인식이 보다 넓게 보급되어야 합니다. 그러나 세간에는 이러한 인식이 놀라울 정도로 알려지지 않았습니다. 권리란 굳이 없어도 된다고 생각하거나 절대화하고 싶다는 두 가지뿐입니다. 이런 인식을 가지고는 정치를 영원히 남의 일로만 인식하는 것 아닌가 싶어 좀 절망적입니다.

하 권리가 절대적인 것이 아니라는 것은 구체적인 예를 들면 금방 이해할 수 있습니다. 반전(反戰) 삐라를 남의 집 우편함에 집어넣은 사람이 체포되었다는 예를 가지고 생각해 보죠. 우선 그 사람에게는 남의 집에 무엇인가를 집어넣을 수 있는 절대적 권리가 있지 않습니다. 남의 집 땅에 허락 없이 들어가는 것은 주거침입죄가 됩니다. 그런데 경찰은 반전 삐라를 뿌린 사람만 붙잡고 피자집 광고 전단지를 집어넣은 사람은 단속하지 않습니다. 피자집 광고 전단지가 주민에게 이익이 된다는 이유로는 좌익의 삐라를 단속하는 쪽의 입장이 정당화되지 않습니다. 좌익의 삐라라고 해도 주민에게 이익이 되는 경우가 있을지 모르니까 말이죠. 결국, 당국이 보기에 불편한 것만을 골라서 단속하는 셈이고 그것도 표현의 내용을 규제한 것이라 말이 안 된다는 것입니다. 이렇게 구체적 얘기를 한다면, '권리는 절대적이다'라고 주장하는 것은 거의 의미가 없다는 것이지요.

5장

모든 헌법은 '강요된 헌법'이다

헌법은 국가라는 법인의 정관

스   여기서 다시 한 번 헌법이란 원래 무엇인가에 대해 짚어 보려고 합니다. 원래 헌법은 무엇에 근거하는 것인가? 사람들은 헌법이 단순히 법률의 하나가 아니라 그 이상으로 사회 전체를 좌우하는 커다란 틀이라는 느낌을 가지고 있습니다. 헌법이 그렇게 엄청난 것이라면 그 나름의 근거가 있을 것입니다.

생각해 볼 수 있는 근거 중 하나는, 모두가 정한 것이라는 의미에서 일종의 '계약'이 아닌가 하는 것입니다. 만일 누구나 한 번은 합의한 것이라고 한다면, 그것을 지킬 의무가 생기게 됩니다. 이것은 사회계약론의 이론가들이 사용한 논법입니다. 두 번째는, 무언가 절대적으로 올바른 진리나 근본적인 규범과 연관되어 있다는 것입니다. 즉, '인류보편의 원리'라고 한다면, 이는 지켜야 하는 것이 됩니다.

여기서 드리고 싶은 질문은 '헌법은 사람들이 선택한 것'으로서 과연 계약이라고 이해하는 것이 가능할까요?

하 '헌법이란 무엇인가'라는 처음의 문제에 대해 학생들에게 설명할 때면 저는 헌법과 국가의 관계부터 이야기를 시작합니다.

'모든 국가에는 헌법이 있다'고 말합니다. 이는 일본 헌법과 같은 성문 헌법전뿐만이 아닙니다. 영국에 헌법전은 없지만, 어떤 의미에서 헌법은 있다고 하지요. 그것은 어떤 의미인가? 그것을 설명하려면, 먼저 국가라는 것이 실은 우리의 머릿속에만 존재하는 약속이라는 것을 분명히 해둘 필요가 있다고 봅니다.

일본을 예로 들면 일본은 눈에 보이는 것도 아니고, 손으로 만질 수 있는 것도 아닙니다. 후지산(富士山)이나 도네강(利根江) 그 자체는 자연의 산이나 강일 뿐 그것이 국가는 아닙니다. 일본의 관청이 있는 거리인 가스미가세키(霞が關)에 있는 건물도 그 자체는 건물이지 일본은 아닙니다. 그것들의 배후에 있으면서 산이나 강, 혹은 건물이나 토지를 지배하고 있다고 상정되어 있는 것이 국가인 것이지요. 이러한 국가라는 것은 요컨대 약속에 지나지 않는 것이므로, 그 자체가 스스로 말하거나 행동하는 일은 없습니다. 그럼에도 우리는 마치 국가가 말하거나 행동하는 것처럼 말하지요. '미국과 이라크가 전쟁한다', '일본과 중국이 외교교섭을 한다'라는 표현이 그 예가 되겠지요. 그것이 가능한 이유는, '특정 개인이 하는 행동은 국가의 행동'이라고 간주하는 규칙이 있기 때문입니다. 즉, 미국의 병사라는 사람이 전투기를 조종하거나 전차를 운전하고, 혹은 거기서 총을 쏜다면, 그 자체가 미국이라는 국가가 전쟁을 하고 있는 것이 되고, 일본의 특정 지위에 있는 공무원이 중국의 특정 지위에 있는 공무원과

얘기를 하면 그 자체가 두 나라가 교섭하고 있는 것이 됩니다.

그때 도대체 어떤 개인이 어떤 절차를 통해 어떤 내용의 행동을 하게 되면 그것이 국가의 행동이 되는지를 결정하고 있는 것이 헌법이라는 것입니다. 헌법도 각양각색입니다. 극단적인 예로 독재국가의 경우, 한 사람이 말한 것이 모두 그 국가의 행동으로 간주될 수도 있고, '민주적 절차에 따라야 비로소 개인의 행동이 국가의 행동이 된다'고 할 수도 있습니다.

그렇다면 각 국가의 헌법의 근거는 도대체 무엇일까요? 저는 헌법은 계약이 아니라고 생각합니다. 물론 헌법은 사회계약의 내용이라고 말할 때도 있고 저도 가끔은 그런 비유를 사용하지만, 제 결론은 단적으로 '헌법은 사회계약이 아니다'라는 것입니다.

이것은 상당히 법률가다운 분류일지도 모르지만, 사람들이 만드는 단체는 결국 조합이나 법인 두 가지로 나누어집니다. 우리의 머릿속에만 존재하는 약속인 국가는 '법인으로서의 국가'입니다. 조합은 참가하는 사람들이 서로 계약을 맺을 때 탄생하는 것인 데 반해 법인은 우선 설립행위가 있고 나서 만들어집니다. 주식회사로 보면 정관에 해당하는 것이 국가에서는 헌법입니다. 정관은 계약이 아닙니다. 헌법도 아마 계약이 아닐 것이라고 생각합니다.

헌법은 사회계약이 아니다

스   하세베 선생은 '국가는 법인'이라고 설명했습니다. 그러나 예컨대 회사 등의 법인을 만들 때는 이미 헌법이나 민법 같은 상위 규범이 있고 그에 의거해 만들어지는 것입니다. 그런데 헌법은 애초부터 그것의 기초가 되는 룰(rule)이 없습니다. 최종적으로는 자기가 자신을 근거 지을 수밖에 없다고 봅니다. 만약 그렇다면 헌법은 어떤 룰이 되어도 좋을까요? 아니면 세상에서 헌법이라고 인정받기 위해서는 어떤 기준이 있어서 국제적 룰이나 시대를 초월해 존재하는 보편적인 룰이나 관습법적인 것에 의거해서 '설립행위가 있었다'고 말하는 것이 필요할까요? 그런 부분이 국가가 법인이라는 비유가 통용될 수 있는지를 검토하는데 핵심이라고 생각합니다만.

하   확실히 지적해 주신 대로, 주식회사의 경우는 설립의 전제가 되는 법률, 민법이나 상법이 각각의 국가에 있습니다. 그런데 국가의 경우에는 그 발생의 단계에서 어떤 전제가 되는 법률이 있고, 그에 근거한 설립 행위로 성립하는 일은 극히 드물 것이라고 봅니다. 호주나 캐나다 등 영국의 옛 자치령 몇 개는 그렇게 성립했지만 말이지요.
   그 경우도 예컨대 국제법을 들어 국가의 발생을 일반적으로 설명하는 것은 무리겠지요. 따라서 스기타 선생이 말씀하신 대로, 국가라는 것이 실제로 있다는 것을 전제로 한 후에 나중에 소급하여 논의할 수밖에 없다고 생각합니다.

스   그렇다면 방금 말씀하신 대로 일종의 법인 설립 행위라고 설명하는 것이 타당한지, 아니면 조금 전에 부정하셨지만 예컨대 사회계약처럼 어떤 동의를 의제(擬制)적으로라도 상정하는 편이 좋을까요? 이것은 헌법의 정통성(legitimacy)과 관련된다고 생각합니다. '실제로 있기 때문에 따르라'고 하는 것보다는 '당신들 모두가 결정한 것 아니냐'고 하는 편이 헌법을 존중하는 마음도 불러일으키기 쉽다는 견해도 있을 것입니다. 보통 우리가 어떤 법인이나 단체의 설립에 참여하는 경우는 주식을 사거나 입회신청서를 쓰는 것과 같은 특정 행위를 수반하게 됩니다. 그런 행위를 통해서 '참여한다'는 의식이 생겨납니다. 그런데 국가의 경우는, 귀화(歸化)와 같은 경우를 제외하고는 그런 일을 수반하지 않습니다. 따라서 아까 말씀하신 것처럼 국가가 법인이라는 설명으로 국가를 지탱하는 룰로서의 헌법이 존중되는 것입니까?

하 우선 제가 조금 전 '헌법은 사회계약이 아니다'라고 말씀드린 하나의 이유는 계약이란 무엇인가에 대한 제 나름의 생각이 있기 때문입니다. 계약이란 보통 이해가 대립하는 당사자가 서로의 이해 간에 일치점을 찾아내어 타협하는 것이라고 봅니다. 이에 비해 헌법은 그것에 따라 국민으로서 생활을 영위하고자 하는 사람들 사이에서는 이해가 서로 대립하지 않습니다. 즉, 국가가 무엇을 위해 존재하는가 하면, 우리가 인간다운 사회생활을 영위하도록 하기 위함이겠지요. 그러기 위해서는 정부가 해야 하는 활동이 여러 가지가 있습니다. 치안을 유지하고, 화재가 나면 소방차를 보내고, 시장에서 거래를 할 때는 계약이 제대로 이행되도록 해야 합니다. 그러한 정부 활동의 필요성은 모든 인간에게 공통된 것이라고 생각합니다. 그렇다면 계약이라기보다는 어떤 형태로 '국가라는 것이 존재하기를 바란다'고 생각하는 사람들이 참여하는 집단적 행동이 헌법이라는 것이 되므로, 소위 관습이나 자생적 질서에 오히려 가깝다고 생각합니다.

그리고 국민이 되는 것에 대해서, 예컨대 입회 수속과 같은 명확한 행동이 없지 않았느냐는 지적에 대해 덧붙이자면, 말씀하신 대로 대개의 국가에서는 그 국가에서 태어나면서 자동적으로 국민이 되는 경우가 많지만, 로크는 '어린이는 사회계약을 맺고 국민이 될 능력이 없기 때문에 성인이 되어서야 비로소 사회계약에 참여할지를 결정할 수 있다'는 견해를 보입니다. 다시 말하면, 성인이 되어서도 그 국가의 국민은 되지 않고 재류외국인으로서 살아가는 길도 있다고 말하고 있습니다.

·

헌법은 '조정 문제'의 해법이다

스 방금 이야기로 이전부터 궁금했던 점이 조금 풀렸습니다. 아마도 '사회계약론'에서 전개된 사회계약 개념과 법률상의 계약 개념이 서로 상당히 달라서, 바로 거기에 문제의 본질이 있을 것 같다는 느낌이 듭니다.

하세베 선생께서도 『헌법과 평화를 다시 묻는다』라는 저서에서 사회계약에 대해 적잖이 언급하셨지요. 사회계약론이란 자신의 안전을 지키고자 하는 것이 출발점이지만 한 사람 한 사람이 그것을 주장하면 대립하게 되므로, 사회 전체의 안전을 확보하고자 하는 점에서 일치하여 국가가 설립된다는 이야기입니다.

다만 원래 사회계약은 사법적 계약의 개념으로는 묶을 수 있는 것이 아닙니다. 왜냐하면 아직 사회가 없는 상태, 법적인 공동성이 없는 상태에서는 계약도 없기 때문이지요. 따라서 사회계약은 계약이 아닙니다. 이는 정치학에서도 계속 논의되어 온 것입니다. 그것을 감안하면 헌법은 법적인 의미로 계약이 아니라고 해도 사회계약과의 관계는 있을 수 있는 것 아닌가요? 그 점에 대해서는 어떻습니까?

하 지적하신 점에 대해서 저는 이렇게 생각합니다. 조금 전 제가 '계약이란 이해가 대립하고 있는 당사자 사이에서, 굳이 이해의 일치점을 찾아내기 위해 체결된다'고 했습니다. 이는 게임이론의 용어를 빌려 말하면, '죄수의 딜레마 상황'을 해결하기 위해 사용할 수 있는 도구가 계약이라는 것이 됩니다. 죄수의 딜레마란 두 명의 죄수가 별도로 조사를 받고 있는 상황에서 한 명이 배신하면 배신당하는 쪽이 손해를 보기 때문에 쌍방이 서로를 배신하여 결과적으로는 둘이 협력한 경우보다 더 나쁜 결과를 가져와 버립니다. 이를 해결하기 위해서 쌍방이 서로를 배신하지 않도록 계약을 체결하는 것입니다.

이에 비해 헌법은 그렇지 않습니다. 오히려 '조정 문제(coordination problem)' 상황을 해결하기 위해서 어떤 하나의 헌법을 모든 사람이 선택하려 한다는 틀로 설명하려고 한 것입니다.

조정 문제란, 이는 제가 풀이한 것인데, 모든 사람이 다른 사람들이 행동하는 대로 자신도 행동하려고 생각하고 있는데 가능한 선택지가 여러 가지여서 어떤 것을 따라야 좋을지 몰라 어려워하는 상황을 뜻합니다. 예컨대 도로를 달리는 차는 좌측통행인가 우측통행인가? 다른 사람이 모두 좌측을 달리면 자신도 좌측통행을 하려고 하고, 다른 사람이 모두 우측을 달리면 우측통행을 하려고 할 것입니다. 그런데 다른 사람이 어느 쪽을 달려야 할지 도통 모를 때, 바로 조정 문제 상황이 발생하는 것입니다.

헌법이 해결하고 있는 것도 이와 마찬가지로, 정부로서 활동하는 사람들을 어떻게 결정할 것인지, 정부는 어떤 절차를 통해 어떤 활동을 할 수 있을지 등의 질문에 대한 선택지가 몇 개 있는 가운데 모든 사람들이 어떤 한 가지를 따라서 국가라는 것을 설립하고 정부의 서비스를 모두가 누리려고 하는 상황인 것입니다.

다만 스기타 선생의 지적은 상당히 날카로운데요, 즉 죄수의 딜레마 상황이라고 해도 그것이 계속해서 반복될 경우에는 대단히 장기간에 걸쳐 타당한 계약을 당사자 간에 맺지 않으면 안 됩니다. 그런 계약은 결국 조정 문제의 해결과 아주 비슷해질 것입니다.

그렇게 생각해 보면 헌법은 조정 문제를 해결하고자 하는 사람들 사이에서 자생적으로 발생해 온 질서, 관습의 일종이라는 제 견해와, 그렇다고 해도 계약으로서의 요소가 존재한다는 스기타 선생의 그것과는, 그다지 차이가 없습니다.

스 '헌법은 조정 문제의 해법이다'라고 말씀하셨습니다만, 방금 지적해 주신 바와 같이, 반복되는 죄수의 딜레마 상황이 있게 된다면 차라리 통일된 룰을 정해 버리자는 형태로 계약이 이루어진다는 뜻입니까?

하 법원이나 경찰 등 국가의 서비스를 받기 위해서는 세금을 내야 하지만 사람들은 세금을 내고 싶어 하지 않습니다. 그렇다고 해도 '나는 세금을 내기 싫으니까 안 내야지'라고 모두가 말하기 시작하면 법원이나 경찰은 성립되지 않으므로 빚을 떼이거나 도둑이 횡행하게 되어 모두가 어려움에 빠지게 됩니다.

다시 말해 장기적으로 반복해서 죄수의 딜레마 상황이 일어나는 가운데 배신하는 것 자체는 당사자에게 있어 유리한 선택이 되지 않습니다. 일단 계약을 맺은 이상 끝까지 그것을 지킵니다. 어떤 일정한 질서에 따르는 것이 모든 사람의 이익에 연결되는 조정 문제의 해결로서의 자생적인 질서가 될 것이라고 생각합니다.

'인류보편의 원리'인가?

스 지금까지의 대화 중에서 '자생적 질서'라는 오스트리아 출신 경제학자 하이에크(Friedrich August von Hayek, 1899~1992)의 용어가 사용되고 있습니다. 그렇다면 지금 하세베 선생의 대화 스타일에서는 모종의 인간관, 즉 인간은 보통은 이익을 추구하고, 어떤 면에서는 합리적으로 행동하고 있고, 그러한 주체 간의 대립 속에서부터 일정한 질서가 선택된다는 견해가 엿보입니다.

저도 그런 견해에 비교적 익숙합니다. 다만 여기서 제 첫 번째 질문으로 돌아가서 종래의 헌법학, 중학교나 고등학교에서 배워 온 것과 같은 헌법학에서는 헌법의 근거를 그런 인간 행동에서 비롯된 룰의 선택 메커니즘으로 설명하기보다는 모종의 민주적 근거에서 찾거나 아니면 인류보편의 원리와 같이 절대적으로 올바른 것이 규정되어 있다는 식의 설명이 많았던 것 같습니다. 그렇지 않으면 옛날의 통설은 그렇게 설명하고 있었지만 지금은 다른 것인지, 아니면 하세베 선생이 여기서 기존의 헌법학과는 다른 설명을 하고 있는 것입니까?

하 민주적인 근거나 인류 보편의 도덕원칙 등을 들어 정당화할 수 있는 것은 어떤 특정한 국가의 특정한 헌법일 것입니다. 하지만 '국가에는 어쨌든 헌법이 있을 것이다'라고 할 때, 그 '국가'는 반드시 민주적인 국가라고 할 수는 없을 것이고, 헌법의 내용도 인류 보편의 도덕원칙에 입각한 것인지는 실은 잘 알 수 없는 것이지요. 그래도 역시 헌법은 존재합니다. 그러면 왜 헌법이 그 국가의 헌법으로서 타당한지를 설명하고자 할 때, 방금 스기타 선생의 표현을 빌리면, 결국 사람은 장기적인 관점에서 자신에게 이익이 되는 상태를 합리적으로 추구한다면 그런 행동을 취하지 않을 수 없다는 설명밖에 없다고 봅니다.

스 그 논점에 입각해서 좀 더 말하자면, 하세베 선생도 『헌법이란 무엇인가』라는 책에서 말씀하고 계시지만, 미국연방헌법조차 실은 회의체의 설립 목적을 넘어선 '월권 행위'에 기초해 만들어진 것이고, 혹은 제가 번역한 로버트 달의 『미국 헌법은 민주적인가』(한국에서는 『미국 헌법과 민주주의』라는 제목으로 번역됨—역자주)라는 책 속에서 묘사하고 있는 바와 같이, 상당한 혼란 속에서 만들어진 것으로, 갑자기 만들어진 측면이 있습니다.

이에 더해 미국과 비견되는 헌법 모델이 프랑스 헌법인데, 프랑스의 경우는 혁명의 와중에 형성되었습니다. 왕정에서 공화제로라는 한 번에 알기 쉬운 변화 속에서 만들어졌습니다. 이러한 경험이 종래, 적어도 제가 보기에는 일본의 헌법학에서도 상당히 강조되어 와서, 일본의 경우는 반대로 '그러한 혁명이 없었기 때문에 안 된다'라고 헌법학뿐 아니라 정치학에서도 일본의 후진성과 연결시켜서 전후에 계속 거론되어 왔습니다. 프랑스의 헌법 형성 과정이야말로 정당한 과정이고, 그것과 다른 사례는 많이 있더라도 모두 일탈 사례로서, 본래 인민이 모여서 갈채를 보내면서 만드는 것이 헌법이라는 모델이 잠재적으로 있었던 것 같습니다. 그런 점은 어떻습니까?

미국도 프랑스도 '강요된 헌법'?

하 또다시 흥미로운 문제를 던져 주셨습니다. 이는 조금 전의 이야기의 연장선상에서 얘기하자면, 헌법은 조정 문제를 해결하는 수단으로서 만들어진 것입니다. 다만 도로교통 규칙 등과는 달리 헌법의 경우에는 어떤 선택지를 택하는가에 따라서 유리해지는 사람과 불리해지는 사람이 당연히 나올 것입니다. 그럼에도 역시 국가를 만들어 정부의 서비스를 받고 싶다는 필요성이 더 크기 때문에 결국에는 조정 문제라는 식으로 볼 수 있습니다. 그리고 상대적으로 불리해진 사람들에게는 모든 헌법은 '강요된 헌법'일 것입니다.

이것은 미국에 대해서도 자주 거론되는 이야기입니다. 미국의 최초 헌법은 북부의 상업적 이익에 입각한 계층의 사람들을 중심으로 '하나의 거대 시장을 만들자. 그러기 위해서는 하나의 국가가 필요하다'는 생각에 기초해 만들어진 것이었습니다. 그것은 주로 남부의 농업 생산에 종사하는 이들이 보기에는 오히려 불리한 선택이었다고 합니다. 그러한 의미에서의 강요성이라는 것은 결국 모든 헌법에 있다고 생각합니다.

그리고 한 가지 더, 헌법으로서의 정당성을 획득하기 위해서는 어떤 혁명적인 사태가 일어나서 인민이 결집하고 혁명에 대해 찬동하는 태도를 보이는 일이 필요하지 않겠습니까? 그런 이야기는 분명 스기타 선생의 말씀처럼 여러 차례 상정되었습니다만, 그런 일을 각 세대마다 할 수 있는 것은 아닙니다. 프랑스에서도 끊임없이 혁명을 한 것은 아니기 때문에, 지금 살고 있는 사람들이 현재 헌법의 정당성을 논의할 때 옛날 자신들의 선조가 혁명을 일으킨 것이 과연 얼마나 정당화의 근거로 통용될 것인가의 문제가 있다고 봅니다.

결국 헌법은 일부 사람들에게는 강요된 것이 아닐 수도 있지만, 다른 사람들에게는 강요된 것입니다. 다만 강요된 것이라고 해도 헌법이 조정 문제를 해결해 주고 다수의 사람들에게 이익이 되기 때문에 따르는 것이라고 생각합니다. 그 사람들은 적극적으로 동의할 필요가 없습니다. 그런 헌법에 따르는 것이 장기적으로 볼 때 자신에게 이익이 될 것이라고 인식하기만 하면 됩니다. 그것만 명백하다면 어떻게든 지탱할 수 있다는 것이 제 견해입니다.

혁명 없이 근대국가를 형성하는 것은 완전히 정당한 국가 형성이라고 할 수 없다는 논의에 대해서는 영국과 같은 반증 사례를 들 수 있습니다. 소위 청교도혁명은 혁명이라기보다는 내란이었고, 명예혁명은 가톨릭에 치우쳤던 잉글랜드를 프로테스탄트연합의 맹주였던 네덜란드의 오렌지공(公) 윌리엄(William)이 정복한 사건으로 이해해야겠지요.

스 맞는 말씀입니다. 유럽에서도 예컨대 스칸디나비아는 혁명 같은 것은 경험해 보지 못했습니다. 하지만 유럽을 설명하는 사람들은 스웨덴은 혁명을 경험하지 못했지만 프랑스혁명의 영향을 받은 것이라고 하면서 유럽으로서는 혁명을 한 것이라고 주장합니다. 그런 식으로 말하면 어떤 의미에서는 일본도 사후적으로 프랑스혁명의 영향을 받지 않았다고는 할 수 없는 것입니다.

혁명이 필요하다는 논의는 예를 들면 군주제보다 공화제가 더 바람직하다는 정체론적이라 할까 발전단계론이라고 할까, 정치체제를 형식적으로 비교할 수 있다는 생각과 관련이 있다고 봅니다. 일본에서도 특히 좌파들은 역시 군주제보다 공화제가 훨씬 올바르다는 관점에서, 예컨대 대일본제국 헌법에서 일본국 헌법으로의 이행에 관해서도 군주주권으로부터 국민주권으로의 전환은 어쨌든 절대적인 진보였다고 말합니다. 이것은 좌파라고 할까, 실은 헌법학계도 포함해서 그러한 생각이 상당히 있었다고 봅니다만, 그에 대해서는 어떻게 생각하십니까? 조정 문제라는 관점에서 보면 어느 쪽이 더 좋은 선택이라고 말할 수 없는 것인가요, 아니면 어떤 정치체제는 다른 체제보다 기능적이라고 말할 수 있는 것인가요?

하　헌법이 해결하려고 하는 조정 문제는 정부를 어떻게 구축할 것인가의 문제입니다만, 만들어진 정부가 해결해야 하는 것은 반복되는 죄수의 딜레마 상황입니다. 결국 치안의 유지나 계약 집행의 보장 같은 정부의 서비스를 사람들의 수요에 맞는 형태로 공급하기 위해서는 역시 민주적인 정치과정이 있는 편이 낫다는 것은 틀림없다고 봅니다. 그럴 때에 국가원수인 군주가 있는 것이 좋은지 나쁜지의 여부는 그 자체로서는 그다지 큰 문제는 아니라고 생각합니다. 무(無)에서 어느 쪽을 선택하는 것이 좋을지 묻는다면, 민주주의적인 정치과정에 근거한 정부 쪽이 더 나은 해결책이라고 생각합니다만.

스　'더 낫다'고 하는 이유를 좀 더 말씀해 주실 수 있으신지요?

하　잠재적 이유로서 공리주의적으로 대답할 수 있습니다. 즉, 민주적인 정치과정을 통해서 수익자인 시민의 수요에 보다 잘 대응할 수 있는 형태로 정부의 서비스 공급이 이루어지는 것이 사회 전체의 행복을 향상시키는 데 더욱 공헌할 수 있다고 봅니다.

다만 헌법이라는 것은 보통 아무 것도 없는 상태에서 마음껏 고를 수 있는 것이 아니라 이미 그곳에 있는 것입니다. 그것을 이제 어떻게 할 것인지가 문제되면, 이것도 헌법의 선택이 조정 문제라는 것의 한 귀결이지만, 이를 재조정해서 다른 선택지로 모든 사람을 옮아가게 만든다는 것은 극히 어렵고 엄청난 비용이 드는 일일 것입니다. 결국 혁명을 일으켜야 하니까 말이죠. 모두가 일제히 혁명을 일으켜 준다면 이는 동유럽 혁명 때처럼 비교적 순조롭게 진행되겠지만, 문제는 정말로 모두가 동시에 혁명을 일으켜 줄지 알 수 없다는 것이지요.

다시 말해 재조정이 상당히 어렵다면 현재 체제의 민주주의 정도가 낮더라도 매일 평화롭게 살아갈 수 있고 나름대로 먹고 살 수 있다면 지금의 정부에 따르자는 행동양식이 발생하는 것도 별로 이상한 일은 아닙니다.

ㅅ 혁명을 어떻게 평가할 것인가는 너무도 어려운 문제입니다. 헌법은 항상 있다는 말씀을 아까부터 하셨지만, 현재 우리가 보고 있는 것과 같은 성문헌법을 만들고자 한 일은 역시 미국의 경험과 프랑스의 경험이라는 두 가지 혁명적 사태를 거쳐 만들어졌습니다.

물론 더 거슬러 올라가면 마그나카르타(Magna Carta) 이래 영국에는 여러 가지 문서가 축적되어 왔지만, 법전화된, 통합된 형태의 헌법이라는 문서를 만들 필요가 있다고 생각하게 된 것은 역시 미국과 프랑스의 경험에 따른 것입니다. 그 때문에 근대 혁명이 중시되는 것입니다. 호헌파뿐 아니라 헌법전을 새롭게 근본적으로 고쳐 쓰고 싶다는 개헌파도 또한 이러한 혁명 모델이라고도 부를 수 있습니다. 이런 점은 어떻게 평가하십니까?

하세베 선생처럼 조정 문제라고 이해하면, 그런 문서 따위는 없다고 해도 국가가 제대로 기능하고 있다면 그다지 문제될 것이 없습니다. 예컨대 지금 있는 일본 헌법의 법전을 사용하자고 하세베 선생은 아까부터 말씀하셨지만, 이런 것이 없더라도 일에 더 유연하게 대응하기 위해서 과감히 헌법전을 폐기한다면 어떻게 되겠습니까?

하 그렇습니다. 물론 영국과 같이 성문헌법전이 없이 국가를 운영하는 경우도 있기 때문에 그러한 선택지도 이론적으로는 생각해 볼 수 있습니다. 다만 아까부터 예로 들고 있는 미국도 프랑스도 성문헌법의 주요한 내용은 통치기구에 대한 규정이라는 것입니다. 이는 역시 문서화하는 편이 편리하다고 생각합니다.

어린이에게는 가르칠 수 없는 이야기?

스 헌법을 문장화해서 확정한 경우에는 이득을 보는 사람과 손해를 보는 사람이 생겨납니다. 하지만 손해를 보는 사람도 헌법이 없는 것보다는 있는 것이 낫다고 암묵적으로 동의하는 한 헌법은 유지된다고 말씀하셨습니다. 저도 기본적으로는 그렇게 생각하지만 그런 논의는 어딘가 헌법을 외재적으로 파악하고 있어서, 예컨대 헌법이 없는 별에서 외계인이 와서 '인간은 헌법이라는 것을 사용하는 모양이다. 그것은 어떤 것인지 자신의 별 사람들에게 설명한다면 조정 문제를 해결하기 위한 것이라고 할 수 있다'는 이야기와 같은 느낌이 듭니다. 그것은 너무 노골적인 이야기라서 초등학생이나 중학생에게 그런 얘기를 하는 게 좋을지 좀 고민입니다. 지금까지는 초등학생이나 중학생 혹은 고등학생에게 설명할 때는 좀 다르게 '헌법에는 좋은 것들, 인류 보편의 원리가 쓰여 있으며, 올바른 것들이 쓰여 있다'라든지, 혹은 '이것을 없애면 심각한 문제가 일어난다'는 식의 형태로 소위 설득하는, 조금 더 강하게는 동원한다고 할까요. 룰이라는 것을 철저히 가르치는 측면이 있어서 그에 따라 실제로 질서가 성립되는 면이 있지 않습니까?

사람들이 지금 이야기와 같이 상당히 냉정한 인식에 기반해서 헌법과 함께 살아가는 것이 가능할까요, 아니면 헌법에 대해서는 여러 의미에서 신비화가 필요한 것일까요? 보편적 원리든 사회계약이라는 이름의 신화든 상관없지만, 무언가 신화적인 것을 통해서라도 어느 정도 받들어 놓지 않으면 실제로 조정 기능도 수행하지 못하게 되지 않을까요? 그런 부분에 대해서는 어떻게 보십니까?

하   그렇습니까? 저는 모름지기 헌법이라는 것을 설명하려면 '조정 문제의 해결'이라고 설명할 수밖에 없다고 생각합니다. 세상에는 여러 가지 내용의 헌법이 있습니다. 왜 헌법에 의해 국가가 운영되고, 사람들이 묵종(默從)일 수도 있지만 왜 그것에 따르고 있는지를 설명하려면 어쩔 수 없이 그렇게 말할 수밖에 없습니다.

다만 그런 헌법을 선택하면 유리해지는 사람도 있고 불리해지는 사람도 있을지 모릅니다. 그런데도 그 헌법을 따르는 것이 옳다고 말하고자 한다면 지금 스기타 선생이 말한 것처럼 '이것이 인류 보편의 원리'라든지

'이 헌법을 따르지 않으면 심각한 일이 일어난다'와 같은 논의를 하게 될 수도 있겠지만요.

다만 다른 한편으로는 일본 헌법에 규정되어 있는 것이 실제로 많은 국가의 헌법에 규정되어 있기 때문에 '올바른 내용이니까 이에 따르세요'라는 논리는 끝까지 따져 보면 우리가 존중해야 할 헌법은 엄밀히 말하면 현재의 일본 헌법이 아니라도 실은 괜찮은 것이 될지도 모릅니다. 따라서 마지막에는 결국 조정 문제의 해법에 지나지 않는 것이라는 관점에 다다를 것이라고 생각합니다만.

누구에게서 강요당한 것인가?

ㅅ 개헌파가 일본 헌법이 적격성을 결여하고 있다는 것의 근거로 자주 드는 것이 '강요된 헌법'론입니다. 앞서 모든 헌법은 '강요된 헌법'의 측면을 가지고 있다고 말씀하셨습니다. 혁명 시기에도 물론 모두가 찬성했던 것이 아니고 소수파도 있었으므로, 그 사람들은 휩쓸려 간 것입니다. 이후 세대에게는 이전 세대에게 강요되었다는 의미로 역시 '강요'라는 이야기도 있었습니다.

다만 개헌파가 '일본 헌법은 강요된 것이다'라고 할 때에는 외국의 개입이 문제가 된 것입니다. 헌법이라고 해도 국법인 이상 국민이 적어도 자발적 내지 자족적으로 만들어야 되는 것이 아니냐는 것입니다. 이는 자주 개헌파가 일종의 내셔널리스틱한 감정을 담아서 제시하는 논점입니다. 그 부분은 어떻게 보십니까?

하 일본의 정치체제가 전후 근본적으로 변화한 것은 일본 정부가 '포츠담선언'을 수락하여 태평양전쟁의 종결을 결의한 시점에서 이미 정해진 얘기입니다.

태평양전쟁이라는 것은 자유민주주의 체제인 미국과 민족을 기준으로 하는 파시즘을 신봉하는 대일본제국이 싸운 것인데, 이것은 역시 정치체제 간의 대립이므로 이 대립을 종결시키기 위해서는 어느 한 쪽의 정치체제가 변하지 않으면 안 됩니다. 결국 일본의 정치체제가 바뀐 것인데, 국가 간의 정치체제의 대립상태를 종결시키기 위해서는 헌법을 어떻게 바꿀지에 대해 당시 일본 정부는 적절히 판단할 수 없었습니다. 그 때문에 점령군, 미국 정부가 개입해서 현재의 일본 헌법의 초안이 만들어진 것은 사실이지만 태평양전쟁 종결 이후의 과정을 전체적으로 보면 어쩔 수 없는 이야기가 아닌가 싶습니다.

반면 일본 국민의 입장에서는 일본 헌법이 '강요'된 것이었는지는 일본의 헌법학자가 오랫동안 지적해 온 것처럼 반드시 그렇다고는 말하기 어렵습니다. 여하튼 점령군의 총사령부가 총사령부안을 일본 정부에게 건네줄 때 '만일 이것을 기본으로 헌법 개정 시안을 만들지 않는다면 우리는 이를 일본 국민에게 공표하겠다'고 위협을 가한 것입니다. 결국 그 총사령부안에 입각해서 완성된 헌법 개정안을 일본 국민은 올바른 것이라 생각했던 것 아닐까요? 그런 의미에서는 국민이 자발적으로 수용했다고 해도 과언이 아닐 것이고, 오히려 한편으로는 '강요'라는 것은 당시의 일본 정부에게 강요된 것에 불과한 것이 아닌가라는 느낌이 듭니다.

가령 당시 점령군 총사령부에 의한 헌법 개정안의 '강요'가 없었다면 어떻게 되었을까를 생각해 보면, 결국 대일본제국 헌법이 그대로 남아 있었을 것이고, 대일본제국 헌법은 일본 국민에게는 역시 강요된 흠정 헌법이므로, 결국에는 강요된 헌법하에서 살아간다는 데에는 차이는 없다고 봅니다만.

대일본제국 헌법은 조정 기능에 문제가 있었다

스   대일본제국 헌법도 위로부터의 강요된 것이고, '강요된 헌법'이라는 점에서는 마찬가지라는 것이군요. 다만 다소 집요해 보이지만 예컨대 대일본제국 헌법에 대해 방금 파시즘이라고 규정하셨지만 헌법 자체가 전전(戰前)의 일본의 여러 과오를 초래한 원흉이었는지, 아니면 헌법 자체보다도 다른 여러 가지 일이 문제가 있었는지에 대해서는 상당히 의견이 분분할 것으로 생각됩니다.

　　종전에는 예컨대 천황대권이나 통수권의 독립, 그리고 언론이나 표현의 자유가 '법률의 유보'라는 형식으로 제약되어 있었다거나 메이지 헌법에는 결정적인 결함이 있어서 그것이 직접적으로 일본의 군국주의를 낳았다는 식의 논의가 전후 내내 있었습니다만, 그런 점은 어떻습니까? 이것 역시 조정 기능에 문제가 있었던 헌법이라는 평가를 내리십니까?

하   제가 전전 일본정치사의 전문가는 아니지만, 2차 세계대전이 발발하기 전 독일과 이탈리아와 일본은 파시즘의 길을 선택했습니다. 이것은 스기타 선생의 말씀대로, 대일본제국 헌법에 그렇게 하라고 규정되어 있었던 것은 아닙니다. 하지만 대일본제국 헌법의 틀 아래에서는 그 길을 택하는 것은 가능했다는 것입니다. 천황과의 거리에 따라. 여러 민족의 지위를 정하고, 중심에 있던 일본 민족의 내부도 천황과의 거리에 따라 그 가치를 정한다는 생각이었습니다. 그러한 정치체제는 미국의 헌법원리와는 근본적으로 대립하는 것이었습니다. 그러한 헌법원리의 대립으로 대규모의 전쟁이 발발했다는 것이 텍사스 대학의 필립 보비트(Philip Bobbit) 교수가 제시하는 견해입니다. 이러한 정치체제 간의 대립을 종결시키기 위해서는 일본의 헌법원리를 바꾸어서 대내적으로 그것을 상징적으로 보여줄 필요가 있었습니다. 그렇게 되면 역시 헌법의 조항 자체를 바꾸는 것이 된다고 생각합니다.

헌법제국주의

스 전쟁의 원인을 어떻게 볼 것인가에 대해, 방금 말씀하신 원리상의 대립, 파시즘 대 민주주의의 싸움이라는 견해는 상당히 상징적인 이해방식으로 보입니다. 전쟁이라는 것은 다른 한편으로는 각각의 국민국가가 자국민의 집합적 이익을 추구하는 가운데 이해가 대립하여 발생하는 측면도 있을 것입니다. 앞서 게임이론으로 설명했던 관점에서 말하자면, 국제정치도 원래는 더 노골적으로 게임이론으로서 이해되어 온 것이지요. 일본과 미국의 대립에서도 원리의 대립이라고 보는 것도 가능하지만, 각각의 이익 대립이었다는 측면도 있습니다. 이는 헌법전의 배후에 있는 원리를 둘러싼 문제였던 것일까요? 역사에 '가정(if)'을 끌어온들 어쩔 수 없지만, 예컨대 일본이 자유민주주의였다면, 절대로 미국과 대립하지 않았을까요?

독일과 영·미의 관계 등도 포함해서 20세기의 역사를 결과적으로 보면, 정치체제 간의 대립으로도 보이지만 이해 대립으로 보면 훨씬 후발적인 이익집단과 선행하는 이익집단 간에 대립이 발생했을 때 한 쪽이 파시즘이라는 형태로 나왔다고 볼 수 없는 것도 아닙니다. 그렇다면 20세기 전반의 일본의 정치과정이 효과적이지 못했던 것은 물론 누구라도 인정하는 것이지만, 이것이 어디까지 대일본제국 헌법의 탓이었던 것일까요? 이는 반대로 전후 일본 헌법에서 우리가 전전보다 잘 할 수 있으리라는 보증이 있었는지에 대한 문제와도 관계되는 것인데, 궁극적으로는 헌법전이라는 것이 과연 어디까지 효과가 있는 것인가, 일본의 두 가지 헌법전 중에서 가치적인 우열이 존재하는 것입니까?

하 그것이 과연 헌법전 사이의 근본적인 가치원리의 우열 문제인가가 논의되면 그 여지는 있다고 봅니다. 그렇다고 해도 태평양전쟁을 수행할 당시 일본 정치체제의 헌법원리가 무엇이었는지를 보면, 그것은 전후 일본의 헌법원리와는 근본적으로 다릅니다. 전후 일본의 헌법원리는 미국과 기본적으로는 동일한 헌법원리로 되어 있습니다.

그렇다면 전후의 일본은 다른 어떤 정치체제와 대립해 온 것인가를 보면 그것은 역시 공산주의 진영이었다고 생각합니다. 요컨대 냉전이었던 것이지요. 일본의 지식인에게는 일본은 냉전의 한 축이었다는 당사자 의식이 없는 사람이 많습니다만, 일본은 냉전 기간 중에 서방 측 진영의 일원으로서 싸웠습니다. 그리고 이 냉전이 어떻게 종결되었는지를 보면 이것 역시 보비트의 말처럼 80년대 말에 소련을 중심으로 한 동구 진영이 '이제부터 우리는 의회제 민주주의를 채택하겠다'고 하면서 그때까지 대립하던 헌법원리를 수용해서 끝났던 것이었습니다.

따라서 저는 이것은 '헌법제국주의'라고 할 수 있을지도 모르지만, 국익 간의 대립이 반드시 국가 간의 심각한 대립을 낳지는 않으며, 국가 간의 심각한 대립이 발생되는 것은 역시 그것이 정치체제와 정치체제의 대립으로 번역되는 경우일 것이라고 봅니다. 태평양전쟁이 종결되었을 때 왜 일본이 '헌법'이라기보다 '헌법원리'를 바꾸어야 했는지, 혹은 냉전은 왜 종결되었는지, 원래 냉전이란 도대체 무엇을 위해 싸운 것인가를 고찰하기 위해서는 어떠한 헌법원리가 대립하고 있었는지에 대한 관점 없이는 말할 수 없으리라 봅니다.

6장

지금 헌법을 바꾸는 것은 무의미하다

국민투표법안의 문제점

스 마지막으로 '헌법을 바꾸는 것'에 대해서 이야기해 봅시다. 국민투표 법안에 관한 주요 논점은 무엇입니까?

하 먼저 국회에서 발의한 후 국민투표까지 일정한 숙고 기간을 둘 필요 는 없는지, 그리고 개정안 전체를 일괄하여 투표에 부칠지 아니면 각 논점 별로 할 것인지에 대한 것인데요. 저는 발의에서 국민투표까지 2년 이상 의 숙고 기간을 두어야 한다고 봅니다. 개정 여부에 대해 다각적으로 검토 하고 국민들 사이에서 논의할 여유를 가진다는 의미도 있지만, 가령 개정 안 제안자에게 성립된다고 하더라도 실제로 개정되는 것은 꽤나 후의 이 야기라는 것을 의식하게 만드는 효과도 있습니다. 수년 후의 정치 상황이 어떻게 될지는 좀처럼 예측하기 어려울 것입니다. 현재의 정치 상황을 전제로 단기적인 당파적 이해에 기초한 제안은 내기 어려워질 것입니다.

헌법은 일단 개정되면 수십 년간은 그에 기초해 정치를 운영해야 하기 때문에 당장의 이해가 아니라 당파를 초월한 국민의 장기적 이익에 기초한 개정이어야 한다는 것을 의식하게 하는 것이 중요합니다.

스 각 논점별로 투표할지 아니면 일괄로 할지에 대해서는 어떻습니까?

하 그것은 각 논점별로 투표해야 한다고 생각합니다. 해산 및 총선거와 국민투표를 구분하는 것이 중요합니다. 해산 및 총선거는 향후 수년 동안의 여당과 정부를 선택하는 것으로, 각 정당은 국정의 여러 쟁점들에 관한 정책을 한 묶음으로 정리하여 유권자에게 제시하고 선택 받는 것이지요. 어떤 유권자 집단에게는 이 정책이 불리하지만 저 정책으로 만회할 수 있기 때문에 결국 그 정당을 지지한다는 차감 계산을 하는 것이 보통입니다. 2005년 우정사업 민영화를 둘러싼 선거의 경우처럼 단일한 쟁점을 가지고 해산 및 총선거를 실시한다는 것은 위의 관점으로 볼 때 올바르지 않다고 할 수 있겠습니다.

한편, 국민투표라는 것은 각 논점별로 유권자에게 의사를 묻는 것이 목적인데, 9조의 개정에 대해서는 반대하지만 환경권이 생긴다면 찬성한다는 계산을 하도록 유도하는 것은 조금 이상한 일입니다. 헌법은 그런 일상적인 당파정치의 차원을 넘어 근본적인 룰을 정하는 것입니다.

스 하지만 외국에서도 일괄투표의 사례가 있지 않나요?

하 예를 들어 프랑스의 제4공화국 헌법이나 제5공화국 헌법과 같이 새로 헌법 전체를 개정하면서 찬반의 여부를 묻는 경우에는 전체를 일괄하여 투표에 부칠 수밖에 없습니다. 전체가 유기적으로 연관되어 있어 일부만 성립되고 나머지는 성립되지 않을 수는 없습니다. 유기적으로 연관된 복수 조항의 개정을 한꺼번에 투표의 대상으로 삼는 것은 각 논점별로 투표한다는 생각과 모순되지 않습니다. 하지만 환경권과 9조, 혹은 프라이버시와 국가를 지키는 책무와는 전혀 별개의 문제겠지요.

스 호헌론자 중에서는 한 묶음이라면 통째로 반대하기 용이하다는 주장도 있는 것 같습니다만.

하 현재 조항을 수호하는 것 자체가 목적이라면 그렇겠지요.

개정인가 신헌법의 제정인가?

스 현행 헌법에는 개정 절차에 대한 규정이 있기 때문에, 만일 정말로 필요하다면 개정 자체는 물론 가능할 것입니다. 다만 자민당이나 다른 정당이 제출한 개헌안을 보면 현행 헌법을 전면적으로 수정하여 단순 개정이 아니라 새로운 제정으로 보이는 안을 내놓고 있습니다. 이 안에 대해 국민에게 물을 때는 현행 헌법의 '개정'이 되는 것입니까, 아니면 새 헌법의 제정이라고 불러야 합니까?

하 2005년 가을에 자민당이 제출한 개정안의 내용은 의외로 얌전한 것이었습니다. 토대를 뒤집어엎는 혁명적인 것이라고 평가하기에는 무리가 있다고 봅니다.

스　내용이 아닌 형식의 측면에서 볼 때, 종전의 조항과 내용상으로는 연속성이 있더라도 형식상으로는 부분적 대체가 아니라 겉보기에 전혀 다른 문서가 되었을 때, 개정이라고 말할 수 있습니까?

하　예를 들어서 1조부터 100조까지의 순서를 전부 바꾼 것과 같은 경우입니까?

스　모든 조문이 바뀐 경우입니다. 즉, 장기이식으로 몸 전체가 교체되었다면 그것을 이식이라고 말할 수 있는가 하는 것입니다. 아니면 동일성을 상실하게 된 것은 아닌지?

하　뇌만 바뀌었다든가?

스　뇌를 포함하여 여러 가지 장기를 이식해서 당사자와 동일성이 있다고 할 수 있나요?

하　'나라는 것은 뇌다'라는 입장에 서게 된다면, 뇌가 바뀌면 바뀝니다.

스　얼굴도 뼈도 간도 바뀌었더라도 뇌가 그대로면 바뀌지 않는 것인가요?

하　네. 뇌, 즉 헌법원리가 그대로라면 바뀌지 않습니다. 많은 조항에서 표기 방법이 바뀌었다거나 근본 원리와 관련되지 않는 조그만 수정이 많이 가해졌다는 것만으로는 말이지요.

스　현행 헌법의 개정 규정이 예정하고 있는 개정은 비단 부분적 수정만이 아니라는 점을 문제 삼고 싶습니다만.

하　그렇군요. 그에 대해서는 두 가지 견해가 있습니다. 96조 2항은 개정에 대해서 "천황은 국민의 이름으로 이 헌법과 일체를 이루는 것으로 즉시 그것을 공포한다"고 규정하고 있습니다. 글자 그대로 받아들인다면 이 헌법은 남아 있고, 개정된 것도 함께 공포하는, 즉 자연스러운 일본어로 이해한다면 부분 개정만을 예정하고 있습니다. 그러나 헌법학자 중에서는 미야자와 도시요시 선생과 같이 '머리카락을 어디까지 뽑아야 대머리가 되는지 구별이 안 된다'는 논리를 전개하면서, 전면 개정도 있을 수 있다고 주장하는 사람도 있습니다. 머리카락을 조금 뽑는 것이 좋다면 대머리가 되어도 괜찮다는 것입니다.

스　형식적으로 바라볼 때 이는 '위헌적 개정'이라는 사태로 볼 수 있는 것입니까?

하　그것에 대해서는 의견이 나뉘어 있습니다.

스　일본 헌법은 형식상으로는 메이지 헌법의 개정이라는 모양새를 지니고 있지만, 이것은 메이지 헌법이 예정하고 있던 개정이었던 것입니까?

하 이전에도 언급한 '8월 혁명설'이 통설이라 할 수 있습니다. 포츠담선언을 받아들인 시점에서 기본원리가 천황주권으로부터 국민주권으로 대전환했기 때문에 '대전환 이후의 대일본제국 헌법'과 현행 일본 헌법은 연속되어 있고, 절차적으로도 적합하게 이루어졌습니다. 다만, 귀족원의 승인, 추밀원의 심의는 대전환 이후에는 필요 없었던 것이 아닌가라는 설도 있습니다만, 실제로는 했습니다.

헌법전 물신주의

스 부분 수정인가 전면 개정인가는 이른바 '강요론'과의 관계에서 문제가 된다고 생각합니다. 개헌파는 실제로 가능한지의 여부와는 별개로 스스로 쓴 헌법으로 모두 바꾸고 싶다고 하는 데 비해 호헌파는 조문 자체를 지키고 싶다고 반발합니다. 이에 대해 하세베 선생은 조문이 외형적으로 어떻게 될지는 그다지 중시하지 않는군요.

하 헌법전의 글자만 바꾸는 것을 자기목적화하는 것은 난센스입니다. 동시에 글자를 지키는 것을 자기목적화하는 것도 난센스입니다.

스 저도 개헌파와 호헌파가 모두 헌법전의 텍스트에 고집하는 '헌법전 물신주의(物神主義, fetishism)'에 걸려 있다고 쓴 적이 있습니다. 그렇다면 문제는 헌법의 '뇌'를 이식할 것인지의 여부겠지요. 뇌라는 것이 곧

헌법원리일 텐데, 그러한 논의는 종래의 '개정의 한계'라는 논의와 무엇이
다릅니까?

하 많은 부분 겹친다고 봅니다. 독일의 기본법은 헌법 개정의 한계가
있기 때문에 헌법원리는 바꿀 수 없도록 되어 있습니다. 이에 대해 미국에
서는 남북전쟁이나 뉴딜(New Deal) 정책 같이, 애커먼이 말하는 '헌법정
치'의 국면에서는 헌법원리 자체가 바뀔 수 있게 된다는 것입니다.

스 애커먼의 생각은 상당히 넓게 받아들여지고 있습니까?

하 비판도 있습니다.

스 비판의 논점은 무엇입니까?

하 역사의 이해 방식이 문제될 수 있습니다. 예를 들면 헌법정치, 즉
헌법원리의 변경과 관련된 대전환이 세 번만 일어났다는 이해 방식으로
될 것이냐 하는 문제죠.

스 미국도 헌법전에 대한 물신주의가 강하지요.

하 헌법에 어딘가 교전(敎典)적인 느낌이 있습니다.

스 반드시 일본만 그렇지는 않습니다. 그런 점에서 프랑스는 표면적으

로는 헌법에 자주 손을 대지요. 왜 그럴까요?

하 프랑스의 경우는 손을 댄다고 해도 대부분 대통령의 임기나 의회의 회기 등과 같은 통치 구조에 관한 부분이고, 최근에는 유럽연합과의 관계 때문에 수정이 필요해진 경우가 많이 생겼습니다. 그러나 인권에 관한 1789년의 선언은 아직도 위헌심사의 기준으로 계속해서 사용되고 있습니다. 통치 구조는 앞에서 말한 준칙적 성격을 지닌 조문이 많기 때문에 일일이 바꿔야 함은 말할 것도 없고, 예컨대 미국에서도 대통령 유고시 승계 순위를 정한 수정 조항도 준칙의 전형이기 때문에 규정해야만 한다는 것입니다. 개정의 대상이 되는 조문의 성격에 따라 다르다고 봅니다.

스 미국 헌법에서도 연방과 주의 관계에 대해서는 이전부터 비판이 있었습니다만, 좀처럼 바꿀 수가 없습니다. 바꾸려고 해도 일부 주가 반대합니다.

하 다만 연방과 주 사이의 권력관계는 남북전쟁을 계기로 연방 쪽으로 크게 치우치게 되었고, 그 이후에도 상호의 권한은 연방최고재판소의 판례를 통해 상당히 변했다고 생각합니다. 뉴딜 정책기의 많은 입법의 합헌성이 판례를 통해 확인된 것이 전형적 예입니다. 다만 1986년 이후 렌퀴스트(Rehnquist) 장관 시절에 주의 권한이 강화되는 방향으로 상당한 전환이 있었습니다만.

스 일본에서는 개헌을 둘러싸고 이제껏 경직된 논의가 많았던 것 같습니다. 오히려 필요한 한 '헌법원리'를 지켜야 한다고 하세베 선생은 말하고 있습니다. 저는 헌법은 가능한 한 넓게 이해하는 것이 좋다고 봅니다. 헌법전뿐만 아니라 정치적 관계 속에서 획득하게 된 법률이나 판례도 포함한 총체를 '헌법/정치체제(constitution)'로 이해하고 있기 때문에 헌법에 대해 생각할 때는 그 전체를 볼 필요가 있다고 생각합니다. 현행의 헌법전을 바꾸더라도 헌법원리 자체는 바꿀 수 없겠지요. 그것이 가능한 것은 보다 더 커다란 역사적 과정이 아닐까요.

하 지금 말씀하신 것에는 여러 가지 함의가 담겨 있다고 생각합니다. 우리가 헌법으로 이해해야 할 것은 단지 헌법전의 글자에 그치지 않습니다. 이는 중요한 지적입니다. 헌법전은 출발점이지만, 국가기관이나 국민 등의 여러 가지 주체가 해석 활동을 통해서 만들어 가는 관행이나 이해, 해석 등의 축적이 전체를 유기적으로 구성하고 있기 때문에 바꾸려고 한다면 어디를 어떻게 바꾸면 어떤 영향이 생길지를 생각해야 합니다. 글자를 이렇게 바꾸면 자연히 이렇게 바뀔 것이라는 단순한 사고방식으로는 안 되기에 헌법을 바꾸는 것은 그다지 간단한 일이 아닙니다.

위안을 위한 개헌?

스 그러면 지금 헌법을 바꿀 구체적인 필요성이 있는지에 대해서도 생각해 보도록 하지요. '권리가 규정되어 있지 않다'는 이야기에 대해서는 지금까지 수차례 논의했습니다만, 권리의 규정은 애당초 예시에 지나지 않는 것이었습니다. 그리고 통치 구조에 대해서도 반드시 바꾸어야만 하는 것은 없다는 것이었습니다. 초점은 역시 9조일 것이라고 생각합니다.

지금으로서는 자민당과 민주당을 포함한 여러 사람들 사이에서 9조 1항의 '전쟁포기'는 유지하더라도 '군대를 보유하지 않고 교전권을 부정'하는 2항은 바꾸며, 더욱이 방위를 위한 상비군을 두는 조항을 신설하고 자위대의 실태를 추인하거나 국제적 평화공헌에 협력한다는 개정안이 나와 있습니다.

하 자위대의 실태를 추인하는 것만이라면 의미가 없는 개정입니다. 만약 의미가 있는, 즉 바꿔야 할 요소가 있다고 한다면, 종래 정부의 유권해석으로 축적되어 온 '자위를 위한 실력의 보유' 규모나 행동범위에 관한 헌법상의 제한을 없애는 효과가 있는 경우라고 봅니다. 저는, 이미 말씀드렸습니다만, 이 제약을 지금 없애는 데는 신중해야 한다고 봅니다.

스 그것은 헌법학적 판단입니까, 아니면 정치적 판단입니까?

하 이러한 형태로 헌법상의 제한을 두는 것이 합리적이라는 판단에서 입니다.

스 예를 들면 오누마 야쓰아키(大沼保昭) 선생의 '호헌적 개헌론'은 헌법의 원리인 평화주의에는 찬성이지만, 그것을 유지하기 위해서는 현행 조문은 실태와 너무 괴리되어 있어서 오히려 국민이 냉소적인 태도를 취하게 만들고 장기적으로는 입헌주의를 불안정하게 만들기 때문에, 호헌적 의미에서 조문을 바꾸어야 한다는 주장을 펴고 있습니다.

하　그것은 입헌주의 개념에 대한 이해가 좀 다르다고 생각합니다. 제가 이해하기로는 생각이 서로 다른 사람들이 어떻게 공평하게 공존할 수 있는가, 그것이 바로 입헌주의라는 것입니다. 자위를 위한 실력의 보유를 인정하지 않는 것은 '비무장 절대평화주의'라는 어떤 특정한 사고방식을 다른 사람에게 강요하는 것이 되고 이것은 입헌주의에 위배됩니다. 그러한 이해는 입헌주의와 맞지 않는다고 봅니다. 오누마 선생의 주장은 헌법의 글자와 실태가 괴리되지 않게 한다는, 즉 헌법에 규정된 대로 정부가 행동하는 것이 입헌주의라는 생각입니다만, 글자에 구애되는 것이 입헌주의와 합치하는지의 여부가 가장 먼저 검토되어야 하고, 헌법의 글자를 그대로 지키는 것이 자기목적화되는 것은 바람직하지 않은 일입니다.

스　9조를 바꾸려고 하는 개헌론자의 대부분은 실은 현상 추인이 아니라 현재의 해석 개헌으로는 벽에 부딪혔기 때문에 그것을 돌파하기 위해 바꾸고 싶다는 것이지요.

　　개헌론의 배경과 관련해서는 산업계가 무기 수출을 할 수 있게 하고 싶어서 그것을 후원하려 한다거나, 미군을 세계적으로 전개할 때 병참 기능·보급 기능을 일본에 부담시키려는 미국의 의도가 있기 때문이라는 점이 자주 거론됩니다. 그렇다면 개헌 측의 의도는 일부 사람들이 말하는 것과 같이 현상에 조문을 맞추는 것이 아니라, 현상을 바꿀 수 있도록 변경하는 것이 될 수도 있다는 것입니다. 그런 의미에서는 저도 하세베 선생도 현재 9조를 바꾸는 것에 신중해야 한다는 것이지요.

하　결론부터 말하면 그렇습니다.

스　하세베 선생이 말씀하시는, 개헌이 필요하게 되는 국면이란 어떤 상태를 의미합니까?

하　글쎄요, 앞날을 확신할 수는 없지만 가까운 장래에는 없을 것입니다.

스　통치기구를 조정한 결과 프랑스가 좋아졌는지는 모르겠습니다만, 수상의 임기를 바꾼다든지, 자치체나 9조 이외의 통치 구조를 조금 조정하는 것이 현대인들의 답답함 같은 것을 바꾸는 것과 같은 모종의 위안효과는 기대할 수 있겠습니까?

하　헌법은 사람들의 답답함을 달래기 위한 것이라고는 생각하지 않습니다.(웃음)

　　제가 보기에 문제가 되는 것은 양원제 정도일 것입니다. 참의원의 권한은 다른 국가의 제2원보다 강합니다. 당초 참의원에 기대되었던 '이성(理性)의 부(府)'로서의 역할을 수행할 수 없습니다. 참의원의 다수파를 지배하지 않으면 중의원에 입각한 정부는 정책을 실현할 수 없기 때문입니다. 참의원의 힘을 약화시키는 것이 제도 전체의 정합성을 유지하는 의미가 있을지도 모릅니다. 하지만 이러한 개정에 참의원 3분의 2 이상의 찬성을 얻기란 상상하기 힘들고 실제로도 반대하고 있으니 애당초 실현 가능성은 없습니다.

스 마지막으로 이번 대담에서 밝혀진 것을 확인해 보도록 하지요. 먼저 헌법이라는 것을 쓰인 텍스트 자체, 즉 조문에만 한정하여 생각하는 것은 그다지 생산적이지 않다는 것이 명확해졌습니다. 헌법이란 어떤 국가의 정치를 성립하게 하는 틀이고, 따라서 헌법에서 가장 중요한 부분은 그 국가의 정치의 실정에 대해 어떤 선택을 하고 있는가, 하세베 선생의 표현으로는 헌법의 '원리'에 해당되는 부분이라는 것입니다. 이것을 정치학 용어로 표현하자면, 헌법(constitution)이란 정치체제라는 것이겠지요.

그리고 우리에게 헌법이 필요한 것은 다양한 생각을 지닌 사람들이 공존하기 위해서라는 것도 명백해졌습니다. 이는 여러 가지의 함의를 지니지만, 그중 한 가지는 헌법이 사람들의 공존을 위협할 것 같은 선택지는 사전에 배제한다는 약속(commitment)을 해 두고 있다는 것입니다.

다만 헌법의 위상에 대해서 저와 하세베 선생의 생각이 완전히 일치한 것은 아닙니다. 먼저, 특정국가의 국법으로서의 헌법을 어떻게 이해할 것인가에 대해 저는 헌법의 텍스트가 보편적 가치를 언급하면서도 국민이라는 특정한 인간집단의 이익을 추구하고 외부인들에게는 냉소적인 것에 대해 위화감을 느낍니다. 그러나 하세베 선생은 그런 방식이야말로 가장 안정적으로 사태를 개선해 가는 길이라고 생각하고 계신 것 같습니다.

다음으로, 우리 두 사람 사이에는 권력에 대한 관점의 차이도 있습니다. 하세베 선생은 가장 중대하면서도 위험한 권력은 국가권력·공권력이라는 점에서는 전통적인 헌법학과 같은 생각이고, 따라서 헌법을 기본적으로는 권력제한적이라고 이해하려고 합니다. 거기서는 권력의 폭주를 막는다는 자유주의적 입장이 전면에 등장하게 됩니다. 이에 대해 저는 민주주의나 국민주권이라는 것을 조금 더 진지하게 수용하고 있기 때문에 정치의 주인공이 국민인 이상 최종적으로는 국민이 권력에 대해 책임을 져야 한다고 생각을 가지고 있습니다.

이와도 관련됩니다만, 관료나 헌법학자와 같은 전문가 집단을 어떻게 이해할 것인가라는 점에서도 우리 둘 사이에 뉘앙스의 차이는 명확합니다. 저는 선거로 선출되지 않은 전문가 집단에 의한 지배에 비판적인데 비해 하세베 선생은 그러한 부분이 수행하는 역할에 훨씬 더 큰 기대를 가지고 있다고 할 수 있겠지요.

이처럼 몇 가지 점에 대해 의견차도 있었습니다만, 우리는 현재 진행되고 있는 개헌 논의에 대해서는 기본적으로 동일한 태도로 임할 수 있다고 생각합니다. 권리에 대해서도, 이른바 통치 구조에 대해서도, 그리고 안전이나 안보에 대해서도 현행 헌법을 바꿔야 하는 이유는 끝내 발견하지 못했다는 것입니다.

하　깔끔하게 잘 정리해 주셨습니다. 덧붙일 말은 없습니다.

헌법 논쟁의 지평

'민주화 이후의 민주주의'로부터
'민주화 이후의 민주주의와 입헌주의'로

최근 한국에서는 헌법에 대한 관심이 상당히 높아지고 있다. 지난해 들어서 이명박 대통령이 8·15 경축사를 통해 개헌의 필요성에 대해 언급했고 국회에서도 헌법연구자문위원회가 구체적인 개헌 방향을 제시한 보고서를 제출하는 등 1987년에 만들어진 현행 헌법이 새삼 주목을 받고 있다. 이제 헌법 논쟁은 피할 수 없게 된 만큼, 국가백년지계를 내다보면서 제대로 논쟁을 하기 위한 고민이 어느 때보다 요구되고 있다.

　그렇지 않더라도 지난 노무현 정권 이후 이번 개헌 논의에 이르기까지 헌법은 언제나 정치의 핵심적 쟁점이었다. 특히 대통령 탄핵과 행정수도법안 위헌판결의 두 가지는 전형적 사례로 꼽힌다. 전자는 대통령제에서는 둘 다 국민에 의해 직접 민주적으로 선출된 대통령과 국회가 첨예하게 대립하여 교착에 빠질 경우, 그 해결을 헌법재판소에 맡긴다는 것이다. 후자는 대통령과 국회 간에 대립이 없고 오히려 국회도 대통령과 뜻을 같이하여 압도적 다수로 만든 법이라도 헌법재판소는 무효로 만들 수 있다는 것이다. 어떤 경우에서도 헌법재판소라는 그전에는 거의 주목되지 않았던 기관이 막강한 역할을 수행하고 있다는 것이 드러남과 동시에, 그 기관이 대통령이나 국회와 달리 국민에 의해 직접 민주적으로 선출되지 않는다는 것이 지니는 함의가 어쩔 수 없이 문제로 떠올랐다. 왜 민주적으로 구성된 기관들 간의 대립의 해결을 민주적으로 구성되지 않은 기관에게 맡겨지는가. 왜 선출되지 않은 기관이 선출된 기관이 만든 법을 무효로 만들 수 있는가. 더 나아가 왜 헌법을 바꾸는 데 보통 법률을 개정하는 것보다 까다로운 절차를 밟아야 하는가. 물론 현행 헌법에서 그렇게 규정돼 있기 때문이지만, 왜 헌법이라는 것을 통해서 그것이 가능한 일이 되는 것인가? 이러한 헌법을 둘러싼 근본적 질문들에 대해 한국에서는 일반적으로 헌법재판소의 판단이 국민 다수의 의견을 반영한 것으로 정당하다고 받아들여졌다. 즉, 민주적이지 않은 기관의 의의를 어디까지나 민주적으로 이해하려고 한 것이다.

지금까지 한국에서는 '민주화 이후의 민주주의'나 '민주주의의 민주화'가 문제가 된 적이 있어도 민주주의와 헌법의 관계에 대해 진지하게 고민한 적은 거의 없었다. 헌법이 문제가 될 경우에도 원래 국민이 직접 뽑아야 할 기관이 그렇지 않다는 것에 불과하고, 그러기에 민주화란 대통령의 직선을 가능케 하도록 헌법을 개정하는 것을 의미했다. 현행 헌법이 만들어진 이후에도 헌법재판소에 의해 광주'사태'가 '민주항쟁'으로 인정된 바에서 볼 수 있듯, 헌법에 의해 민주화가 진행되는 등 민주주의와 헌법 간의 '행복한 동거'는 오래 계속되었다. 그러나 이제 그러한 동거는 해소되어 이들 간의 동거는 애당초부터 행복한 것이었는지조차 근본적으로 검토해 봐야 할 시점에 이른 것이다.

이 책에서는 민주주의와 헌법 간의 관계에 대하여 일본 도쿄대 법대 헌법학자 하세베 교수와 정치사상 연구자 스기타 교수 간의 대담을 통하여 양자 간의 근원적 대립 및 긴장관계가 여실히 나타나 있다. 하세베 교수는 국회가 만든 법률을 위헌으로 무효화할 수 있는 기관이 국민에 의해 직접 민주적으로 선출되지 않는다는 비판에 대해, 그것이 결과적으로 국민 다수의 의견과 일치하기에 민주적으로 정당하다고는 결코 설명하지 않고, 헌법이란 원래 민주적 정치과정에 대해 밖에서 일정한 제약을 가하는 것이 목적이기 때문에 그냥 참이라고밖에 말할 수 없다고 솔직히 토로하고 있다. 헌법의 존재 이유는 민주주의와의 정합성에 있는 것이 아니라 오히려 민주적이지 않다는 점에 있다는 그 솔직함이 하세베 교수의 헌법이론의 핵심이며, 이 책이 한국에서 널리 알려지기를 바라는 이유기도 한다.

지난 몇 년 사이에 '민주주의'뿐만 아니라 '입헌주의'나 '자유주의'에 대해서도 활발히 논의되기 시작한 것은 헌법 논쟁을 진화시키는 데 바람직할 것이다. 다만, 이들 개념의 원래 목적까지 충분히 검토되지는 않았다. 고작 입헌주의를 헌법에 바탕을 두면서 국가의 통치 활동이 이루어지는 것으로 이해하는 정도에 불과하다. 하세베 교수에 따르면 입헌주의라는 것은 동일한 기준으로 비교할 수 없는 다양한 가치관이나 세계관이 존재한다는 것을 전제로 하여, 그들이 공존할 수 있도록 공과 사의 영역을 구분하는 것이 필요한데, 공적 영역에서는 어떤 가치관이나 세계관을 갖고 있는 사람이라도 누구나 공유할 수 있는 사회 전체의 이익을 실현하도록 논의해서 결정해야 한다고 한다. 왜냐하면 사람들이 각각 추구하는 가치관이나 세계관을 그대로 공적 영역으로 가져올 경우 똑같은 하나의 기준으로 비교해서 우선순위를 매기는 것이 불가능하기 때문에 수습이 안 되고 서로의 공존이 위태로워질 우려가 있기 때문이다. 그런 관점에서 보면, 일본 자위대의 존재는 전략을 보지하지 않는다고 규정한 헌법 9조에 위반하여 어떤 경우에도 무력의 행사를 금지한다는 절대평화주의는 입헌주의에 부합되지 않다고 한다. 절대평화주의는 어떤 사람에게는 고매한 이상으로 추구할 만한 가치일 수도 있지만, 그것을 국가의 정책으로 채택하여 그 가치관을 갖지 않은 다른 사람에게도 강요하게 되면 국민의 생명 및 재산의 보호라는 또다른 중요한 가치관과 상충될 가능성이 있다. 절대평화주의는 전후 일본의 헌법학계에서 오랫동안 주류였다는 사실을 감안하면 오늘날 하세베 교수가 취하는 입장이 지니는 함의는 너무나 크다. 다만, 하세베 교수는 일본이 지금 갖고 있는 실력, 즉 자위대의 존재를 인정하고 있을 뿐 그 활동이 아무 제약도 없이 넓어지는 데 대하여 오히려 부정적이다.

하세베 교수의 이러한 솔직함은 과연 헌법이란 무엇인가라는 점에서 가장 뚜렷하게 볼 수 있다. 헌법의 존재 이유를 설명하는 데 모든 구성원이 전에 적어도 한 번 합의했다거나 인류의 보편적 가치가 구현돼 있다는 식으로 신비화할 필요는 전혀 없으며, 어떤 형태로든 헌법이 이미 존재한다는 것을 전제로 논의를 시작할 수밖에 없다고 말한다. 전에 한 번도 합의한 적이 없어도, 일부 사람들은 다른 사람들보다 상대적으로 이득을 보고 있어도, 모두에게 없는 것보다 있는 것이 그나마 나을 경우 헌법은 나름대로 버틸 수 있다는 것이다.

하세베 교수에 의하면 이러한 헌법의 모습은 차는 어느 쪽으로 달려야 하는가 하는 문제와 본질적으로는 차이가 없다고 한다. 예를 들면 한국에서는 주행시 우측통행이 원칙이고 일본에서는 좌측통행이 원칙이지만, 중요한 것은 오른쪽이든 왼쪽이든 어느 한 쪽으로 정해져 있다는 것이다. 만약 원칙을 지키지 않는다면 정면으로 충돌하는 사고가 일어나게 되어 자신도 상대방도, 그리고 사회 전체도 손해를 본다. 물론, 우측통행에 익숙한 한국인 운전자가 일본에서 운전을 하게 되면 익숙하지 않은 주행방식 때문에 불편함을 느끼겠지만, 그래도 우측통행을 고집하려 하지는 않을 것이다. 충돌사고를 피하고 싶은 것은 한국 사람도 일본 사람도 다 마찬가지기 때문이다. 물론 자동차의 통행 방향이 오른쪽이든 왼쪽이든 본질적인 차이는 없고 어느 한 쪽으로 정해져 있기만 하면 그만이지만, 지금 우측통행을 지키고 있을 경우 좌측통행으로 바꾸는 것은 매우 어려운 일이다. 대통령과 국회의원의 임기는 지금처럼 5년 단임제와 4년 연임제로 따로 유지하는 것이 좋을지, 아니면 둘 다 4년 연임제로 바꿔야 할지는 이 문제와 비슷하다고 할 수 있다.

물론 이 책은 하세베 교수의 단독 저서가 아니다. 스기타 교수가 주로 하세베 교수에게 질문을 던지는 형태로 진행된 대담의 기록이다. 스기타 교수는 민주주의 그 자체를 끊임없이 재검토하는 근원적 민주주의의 관점에서 입헌주의와의 긴장을 끝까지 유지하면서 하세베 교수의 논의의 제반 전제들을 따진다. 하세베 교수의 입헌주의에서 중요한 전제인 공과 사의 구분은 논의의 범위를 왜소화시켜 오히려 정치의 중요한 의제를 단순히 사적인 얘기로서 원천적으로 막아 버리지 않을까 하는 우려를 보이고 있다. 또한 재판관과 같은 전문가의 제 역할을 인정하면서도 어디까지 그들에게 맡길 것인지에 대해서는 이견을 보이기도 한다. 이렇듯 두 사람 간에 헌법을 둘러싼 견해차가 있지만, 그 차이를 통해서 오히려 민주주의와 입헌주의 간의 쉽게 접목될 수 없는 관계가 잘 드러난다. 이 책에서 주고받은 얘기들은 물론 사적 영역에서 이루어진 것이지만, 하세베 교수도 이러한 논의가 국회와 같은 공적 영역에서 전개되는 데 대해 별다른 반대는 없을 것이다. 그런 의미에서 옮김은 하세베 교수가 쓴 수많은 단독 저서가 아니라 이 책을 먼저 한국 독자들에게 소개하고 싶었다.

이 책 전체를 통해서 스기타 교수는 물론이고 하세베 교수도 민주주의는 이제 중요하지 않다고 주장하는 것은 결코 아니다. 단지 민주주의만큼 입헌주의도 중요하다고 말하고 있을 뿐이다. 적어도 어느 한 쪽에서 서서 다른 한 쪽을 일방적으로 비판만 하면 그만이라는 시대는 벌써 지났음이 분명하다. 앞으로 헌법논쟁을 제대로 진행시키기 위해서는 말하자면 '민주화 이후의 민주주의'로부터 '민주화 이후의 민주주의와 입헌주의'로 논쟁의 지평을 넓힐 것이 요구되고 있다는 것이다. 미약하나마 이 책이 그것을 위해 조금이나마 도움이 된다면 번역자로서는 더 없는 기쁜 일이다.

이 역자 해제를 혼자 쓰게 된 것이 너무나 가슴이 아프고 슬프다. 공동 역자였던 김일영 교수는 투병 중에도 끝까지 강단에 서서 후학들을 가르치려 하셨듯 역자 해제에 대해서도 마지막까지 손을 보려고 하셨다고 한다. 이 책은 김일영 유고집 5권으로 남게 될 것이다. 언제나 성실하고 진지한 김일영 교수와 함께 일할 수 있던 것을 큰 보람으로 영원히 간직하겠다.

2010년 1월
아사바 유키